纺织服装高等教育"十二五"部委级规划教材
普通高等教育服装营销专业系列教材

服装买手实务教程
FUZHUANG MAISHOU SHIWU JIAOCHENG

著 | 任 力

东华大学出版社

图书在版编目(CIP)数据

服装买手实务教程/任力著. —上海：东华大学出版社，
2014.3
ISBN 978-7-5669-0463-8

Ⅰ.①服… Ⅱ.①任… Ⅲ.①服装—采购管理—教材 Ⅳ.
①F768.3

中国版本图书馆 CIP 数据核字(2014)第 036794 号

上海沙驰服饰有限公司赞助

TO BE A BETTER MAN
Satchi 止于至善

责任编辑　吴川灵
装帧设计　陈　澜　杨雍华

出　　　版：东华大学出版社(上海市延安西路1882号,200051)
出版社网址：http://www.dhupress.net
天猫旗舰店：http://dhdx.tmall.com
营销中心：021-62193056　62373056　62379558
印　　刷：苏州望电印刷有限公司
开　　本：787mm×1092mm　1/16　印张 13
字　　数：325 千字
版　　次：2014 年 3 月第 1 版
印　　次：2019 年 1 月第 2 次印刷
书　　号：ISBN 978-7-5669-0463-8
定　　价：38.00 元

普通高等教育服装营销专业系列教材编委会
（按姓氏笔划为序）

编委会主任

倪阳生　中国纺织服装教育学会
杨以雄　东华大学服装·艺术设计学院

编委会副主任

万艳敏　东华大学服装·艺术设计学院
李晓慧　北京服装学院商学院
赵　平　北京服装学院服装艺术与工程学院
刘国联　苏州大学纺织与服装工程学院
刘　利　天津工业大学艺术与服装学院
吴海弘　上海沙驰服饰有限公司
沈　雷　江南大学纺织服装学院
陈建伟　青岛大学纺织服装学院
胡洛燕　中原工学院服装学院
胡守忠　上海工程技术大学服装学院
顾朝晖　西安工程技术大学服装与艺术学院
潘　力　大连工业大学服装学院

编委会委员

王建伟	郑州轻工业学院艺术设计学院
方泽明	福建师范大学美术学院
孙菊剑	安徽农业大学轻纺工程与艺术学院
朱　坤	重庆师范大学服装学院
刘红晓	广西科技大学艺术与文化传播学院
吴春胜	浙江科技学院服装学院
陈东生	闽江学院服装与艺术工程学院
陈明艳	温州大学美术与设计学院
陈　欣	扬州大学艺术学院
陈晓鹏	中原工学院服装学院
季嘉龙	常熟理工学院艺术与服装工程学院
张巧玲	河南工程学院服装学院
张技术	山东工艺美术学院服装学院
张皋鹏	四川大学轻纺与食品学院
张　娇	浙江理工大学服装学院
周　萍	河南科技学院艺术学院
侯东昱	河北科技大学纺织服装学院
徐　静	德州学院纺织服装工程学院
奚柏君	绍兴文理学院纺织服装学院
曹　喆	南通大学纺织服装学院
彭景荣	浙江农林大学艺术设计学院

目录 | CONTENTS

第1章 服装买手简介   1

1.1 服装买手概述   2
1.2 服装买手分类   5
1.3 服装买手的产业环境   11

第2章 服装买手的工作内容与职能   15

2.1 服装买手工作内容   16
2.2 服装买手的职能   22
2.3 买手应具备的综合素质   31

第3章 服装买手与新产品开发   36

3.1 服装新产品开发   37
3.2 买手模式下的服装新产品开发   44
3.3 买手模式开发案例及其应用策略分析   69

第4章 服装买手与采购   75

4.1 服装买手采购概述   76
4.2 服装买手采购的原则   80
4.3 服装买手采购工作   86

第 5 章　服装买手商品管理与控制　98

5.1　服装商品的属性　99
5.2　服装商品管理与控制　111
5.3　制定合理的商品计划　114

第 6 章　服装买手辅助销售　125

6.1　销售渠道选择　126
6.2　终端辅助销售　138

第 7 章　当代服装买手三大关注　149

7.1　服装买手与库存　150
7.2　服装买手与视觉营销　154
7.3　服装买手与媒体推广　169

第 8 章　服装买手职业空间与教育　180

8.1　买手职业现状与发展　181
8.2　国外服装买手教育现状　188
8.3　国内服装买手教育现状　193

参考文献　198

后记　199

第 1 章 服装买手简介

本章要点

- 服装买手的定义
- 买手的分类
- 买手的职业环境

学习目标

1. 知识目标

通过本章学习,对服装买手有基本的认识,了解买手不同性质的分类和职业环境,了解买手的基本概况,加深对买手的认识。

2. 能力目标

通过本章学习,学生能了解买手,同时能对买手店铺有一个认识,从而更深入了解买手在产业中的环境。

1.1 服装买手概述

买手(Buyer)是通过采购和销售产品，为所在企业赚取差价或利润的人或者职位。买货(Buying)是指为在销售时赚取差价或利润而进行采购的行为。在《Fashion Buying》这样定义服装买手在服装链上的角色：为一个特定的目标顾客群体服务，平衡产品价格，预测服装趋势。随着买手的市场细分化，在服装界，服装买手(Fashion Buyer)作为职业，起源于20世纪60年代的欧洲，20世纪90年代以后才渐渐被国人所熟悉，而到现在已经是成熟的职业了。他们是当今服装产业品味出众、眼光独到、经验丰富的"精灵"，深谙服装潮流和顾客消费心理，能够根据市场判断制定畅销商品采购计划并实施采购。他们具有精准的眼光和高超销售技能，往往被各类服装企业所追捧。他们往返于世界各地，时时关注最新的流行信息，手中掌握大量订单，不停与供应商联系，组织商品进入市场，满足消费者不同的需求。

图1-1 服装买手在服装发布会中

如图1-1所示，几乎在世界每个顶级的秀场上，除了明星、服装杂志主编或服装博主外，还有服装买手，不过只有像Harrods、Lafayette、Nordstrom、Selfridge等著名服装百货公司的服装买手才能享受如此待遇。他们为各自的商场或品牌店铺精心挑选下一季最新潮的款式。例如2013春夏服装周刚刚结束，英国顶级百货公司Harrods女装部买手Helen David为英版Vogue列选出2013春夏裙装，如图1-2所示，这个最新采购名单包括Raf Simons创造出的"西装裙"、Lanvin经典的打结斜肩裙、Emilio Pucci的白色工装透视长裙、Balmian无肩紧身裙、Tom Ford绑带透视长裙、Saint Laurent黑色长裙、Valentino红色雪纺长裙、J Mendel浅绿色绑带短裙、Victoria Beckham香槟色紧身裙、Ralph Lauren黑色抹胸短裙。之后，他们还要与各国供货商沟通、谈判，他们不仅要跟踪产品的交货进度，还要辅导店铺人员进行销售。

但如今服装买手圈多了很多明星，娱乐圈本就是和服装圈密不可分的，他们

图 1-2　英国 Harrods 的服装买手 Helen David 挑选的 10 款服装

穿梭在服装派对、高档酒会，闪光灯下，显得格外耀眼。明星们为出风头，在服装界中，他们从来不甘示弱，纷纷想办法挤进这个圈子。他们不具备设计师的能力，在专业绘图、设计灵感和人体构造方面他们或都远远不如专业设计师。但他们长时间浸染在服装世界之中，或多或少地都会对服装有着自己的理解和影响力，有着对服装潮流的敏感、广泛的人脉、世界各国的游历经历，他们在相应的设计领域、市场和供应链方面都有一定的资本。如图 1-3 所示，明星已经各为其主做起了服装买手。

图 1-3　明星服装买手

除了明星掀起买手的热潮，如今发达的网络也造就了一批服装买手博主，如图 1-4 所示，博客里记录了光鲜亮丽的生活，包括旅游、摄影和服装。服装买手博主有这么几类，有的是服装买手利用专业摇身成为时尚博主，有的是时尚博主摇身变成服装买手，更有的是模特。模特们凭着自身的魔鬼身材，接触众多出色的设计师，获得了服装建议，浏览她们的买手博客就像逛麦迪逊大街一样诱人。

如今有些草根阶层也对服装有独特的见解，成为时尚博主明星，使街拍各种服装成为一股风潮。

图 1-4　服装买手博主

当然，一般的买手显然没有上述的高调行为，如图 1-5 所示，他们往往出没于各种国内外服装展会、交易会，乃至服装集散市场，甚至直奔服装加工厂。但是他们同样深谙市场流行，熟悉产品特性，通过自己的精准眼光，采购适销的商品。还有一些生产型服装企业，在品牌产品的设计与开发过程中使用买手的操作模式，使得产品更加有市场针对性。

图 1-5　买手去的展会交易会等地

以上不同工作背景下的买手，定位于不同的目标消费群，对买手专业程度的要求也大不同。定位在高级追求服装人群，对于买手来说就更有压力，否则跟不上顾客的眼光；定位在初级追求服装人群，相对要求就没有这么的高，但都有其共同特点：基于对市场和流行的深度了解，通过自身的预测来判断采购什么样的适销服装，包括买手模式的开发和引进的品牌，都是为了公司的最终运作和利润最大化。

1.2 服装买手分类

随着大量国外品牌进驻国内市场，店铺买手近几年悄然兴起，买手工作性质也呈现多样化，下面按照不同的形态划分买手。

1.2.1 按职业形态划分

（1）零售型服装买手

零售型服装买手包括品牌买手与非品牌买手，这类买手工作职能类似组货，主要面对的供货商大部分是批发商或生产企业，采购的均是经过设计的各类品牌服装组成品牌性的买手店；或者就是采购没有品牌的服装组成买手店。其中零售型中有一种是自主型买手，自己拥有品牌，买入其他品牌贴上自己的品牌发到自己的销售网络中去，他们没有固定的生产厂家，但是拥有最为广泛的服装市场经验、网络资源和独到的眼光。

（2）服装企业专职买手

具有自主研发设计功能的品牌企业中的专职买手，主要负责样衣、面料和辅料的采购，一般定义为品牌买手。这类买手是通过采购的形式来缩短产品开发的时间与周期，提高工作效率，类似于贴牌组合加工。

国内有70%的企业是自己开发设计服装，30%企业是通过买手的方式将买来的服装与自己设计的服装放在一起组合卖。比如在国内的绍兴柯桥采购面料，去广州采购针织衫和皮衣的样衣，同时也可能去韩国采购少量韩版服装样衣，用来补足产品线中的高价位产品占比。如果品牌的定位更高一些，买手也会去法国或意大利去采购一些样衣及面辅料，回国后进行本土化设计和组织生产，以降低成本提升毛利。服装买手的主要工作是与各种有品牌的制造商或代理商进行沟通，寻找合适的供应商，搜集产品样品，通过成本的核算确认价格，根据本百货公司的销售情况和需求，向合作商下单。这类买手的职能是决定向什么样的品牌进货，存货多少，经销模式是直营还是代销等事宜，不需要了解产品设计和开发的过程。

（3）分销渠道买手

这类买手管理一个品牌在某一地区的销售业务，或是同时代理经销多个品牌，经营多个市场零售业务的代理商模式，他们以代理商和经销商身份在零售企业中充当商品管理人员角色，一般以商品总监和商品经理为职位，其主要职责就是参加品牌公司组织的订货会，预先订购期货和对零售店管理，自己不组织研发、生产和品牌运作，买来已经设计好的品牌产品，不需要了解产品设计和开发的过程，只运营终端零售这一供应链环节。终端环节包括的内容有组货、商品管理和销售跟踪，有时还要做市场推广、店铺陈列等工作。这类买手模式和连卡佛的模式有共性，都是分销渠道的商品采购者，区别在于零售业态的不同，是单一渠道指定销售单一品牌，不允许集合并售。这类买手也可以被归于渠道买手的一个分支。

1.2.2 按采购品牌档次划分

（1）高端服装买手

这类买手很多都是自主型买手，高端的买手能穿梭在服装圈中，更能左右服装流行，他甚至能捧红一些不知名的设计师。这些买手通常穿梭在服装发布会、名流派对。这样的买手需有独特的眼光和宽广的人际脉络。这类买手一般来自有销售经验的店长或销售人员，或者是服装杂志主编和明星。一些顶级的奢侈品牌会培养这些买手，让其负责品牌在当地店铺的进货工作。

比如 Armani、Prada、LV 等在全球各地都有经销商，他们有自己选择货品和确定产品搭配组合的权力，以适合的价格和数量，通过自己所在地的渠道和终端经营，把产品带给消费者，以适应本地市场的需求。买手的工作同时也需要涵盖销售、市场推广、店铺陈列的工作。但这类买手不需要了解产品设计和开发的过程，更重要的是要具备零售店管理方面的知识。

（2）时尚独立店买手

所谓独立店是指同名店铺不超过3家的店铺。时尚独立店经营的货品品味出众，主要针对现代都市中高端服装消费者。这些消费群厌倦了普通百货店的一般货品，更不屑于购买廉价的快服装产品。时尚独立店相对传统百货店来讲面积较小，产品数量少，但是服装更加前卫，更有个性。特别是在品牌和产品的组合以及店铺展示设计上更具特点。如图1-6所示，韩国男装买手店 MAN ON THE BOOM，装修及其陈列有个性，满足小众口味，产品从意大利、法国、英国、比利时等地采购。

图1-6 韩国男装买手店 MAN ON THE BOOM

（3）大众服装买手

大众买手多服务于时尚独立精品店，穿梭在各个地方的批发市场。

1.2.3 按工作地点划分

（1）百货公司自主品牌买手

到目前为止，百货公司依然是零售市场的主要业态。百货公司买手的工作是与各种品牌制造商或拥有者进行沟通。买手的工作主要是决定引进什么样的品牌，进哪些品类，存货多少，经销模式等事宜。实际上国内百货公司是有起到类似职能的部门的，只是叫法不同。不同的是，在美国高档百货公司，例如 Neiman Marcus 和 Nordstrom，其买手的工作是选购设计师品牌，因而需要参加各地服装周，出席各顶尖设计师的服装秀确定选择哪一系列的新款，决定订货数量，跟踪订单细节等。

此外，大部分中档百货公司推出了自有品牌，主要针对的是数量较大的中档服装市场。这些百货公司内部同时也具备这样一个买手部门，其工作职能和在品牌零售企业中的买手基本相同，也需要进行产品的开发，只是公司或集团的组织结构因行政关系的不同而不同。如图1-7所示，美国最大的百货公司 Macy's 拥有 Alfani、Charter Club 和 I.N.C 等多个自有品牌，其自有品牌的营业额最高可以占到百货公司总营业额的三分之一。这种集团内的买手工作与前者类似,只是要在他们所采买的产品上贴上自有品牌的商标。

这种买手与品牌买手的职能形似,要兼顾产品开发、商品规划、成衣采购的职能。在英国,百货公司 House of Fraser 的自产品牌 Linea、Platinum 就是采用这种模式。

图 1-7 美国最大的百货店铺——Macy's 百货公司

(2) 商场品牌买手

这类买手为商场引进成熟品牌,进行买断式经营。其主要工作是与各种有品牌的制造商或代理商进行沟通,决定引进什么样的品牌,买进什么样的货,买多少等,控制商场整体定位以保证自己商场的独有性和服务性。

通常商场品牌买手不需要了解产品设计和开发的过程,最重要的是要了解市场,具零售管理方面能力,而且眼光非常重要。相反,生产型买手需要了解产品设计和开发的过程,而且要对顾客的需求充分了解,同时要有内外产品链各环节良好的沟通能力。

比如在英国高档百货公司(例如 Selfridge,Liberty),其买手的工作是选购设计师品牌,因而需要参加伦敦服装周,出席各顶尖设计师的服装秀,确定订购哪一系列的新款,决定订货数量,跟踪订单细节等。

(3) 多品牌服装店买手

多品牌服装买手店来源于"Boutique",法语的原意是"小型商店",专门出售各种精美服饰,也是现在买手最为集中的地方。这个概念源于 1929 年,为法国设计师勒隆所创。Boutique 通常以较小的特定群体为目标消费者,由专业买手来挑选不同品牌的高级服装、饰品、珠宝、皮包、鞋子以及化妆品,融合在一个店面里。在香港,Joyce 早在 20 多年前就以 Boutique 的形式售卖顶级大牌,引领香港高级服装的潮流,店主被称为"香港服装女皇"。

多品牌服装店铺买手工作是买手职业内容的初级阶段,是渠道买手中比较容易入手的方式。随着国际服装潮流多元化的趋势,多品牌独立零售店对于买手的需求将越来越大，这种工作职能在现行国内行业称为"组货"，所面对的供货商大部分是批发商或生产厂家，买来的均是已经设计好的产品，这一工作职能需要买手有零售店第一手的经验，知道自己客户的真正需求。正因为如此，一般老板都自己拥有国内外广泛的采购资源，可以获得不同知名品牌和生产商的信任，达成经销或代理协议，参加采购会或订货会，将买回的批发价或折扣价产品集中在自己的多品牌店铺中进行零售。这种服装买手模式下的经营行为，如果发展顺利，就会变成像连卡佛（图1-8）、I.T及Joyce等这样的多品牌集成零售商。成为大型零售企业后，老板就必须分身有术，聘请更多的职业服装买手。

图1-8 位于上海时代广场的连卡佛买手店铺

然而国外较少有多品牌零售的连锁店，一般是销售中高档品牌或设计师品牌的小型独立店的店主自己担任买手。即使这种店雇佣买手，买手的工作也同时需要涵盖销售和市场推广的工作，他们不需要了解产品设计和开发的过程，而更重要的是在零售店管理方面。

这类服装买手店在国内近年来发展很快，在上海、北京、广州和杭州等地出现了很多这样的店铺。这些店铺的服装买手将国内外最新、最有特色的产品搜罗到一家店里，其独特的装修风格和服装品味往往能吸引当地的一批个性消费群。如图1-9所示，这是一家位于上海恒隆广场的O'blu牛仔服装买手店，它主要销售一些在国内不常见的欧美最新高端服装牛仔品牌，由于概念新，品牌组合好，受到了市场的欢迎，因而在杭州等城市陆续开设了分店。

图 1-9　位于上海恒隆广场的 O'blu 牛仔服装买手店

（4）批发市场服装买手

服装批发市场一般是服装生产商或供应商，下接传统零售商或直接消费者，在服装流通中处于较为特殊的位置。这类批发市场的买手不参与产品设计开发，直接从各类服装批发市场采购成衣用于转手或直接销售。

（5）无店铺经营服装买手

随着包括邮购、电视订购、网购等虚拟终端的销售形式和 NON-SHOP 零售模式的快速发展，无店铺服装买手也越来越多地进入人们的视线。这类买手的工作内容和方法与实体终端零售买手的最大不同在于他们没有实体店铺，销售场所是虚拟的。这种无需直接面对消费者，主要通过产品宣传册或网站网页向消费者展示产品的方法，增加了买手判断市场趋势和消费需求的难度。更需要买手通过充满吸引力的产品展示和宣传、相对低廉的销售价格、较好的产品质量以及完善的售后服务来吸引消费者，这对无店铺经营者都是至关重要的。例如，如图 1-10 所示，典型的买手体制经营

图 1-10　典型的买手体制经营模式的 Net-a-porter

模式 Net-a-porter，是令全球数以万计的消费者为之疯狂的全世界最著名的奢侈品网店之一。销售数据显示它每天都有 90 名新顾客光临，平均订单数超过 400

份,且每张订单的平均消费额高达 820 美元。

除此之外,服装买手还可以根据可使用资金数量即买货的实力大小(Dollar Volume)来进行分类。大型百货公司的资金实力雄厚,买手责任大。小公司的买手手上则只有有限的资金供使用。

案例 1-1

香港 I.T 集团成立于 1988 年,如图 1-11 所示,2005 年上市,它是由一间 20 多平方米的、以独特的服装风格、复合式的品牌旗舰店路线小店发展而来,卖当时在香港见不到的欧洲服装。很快香港 I.T 集团成为聚集热爱服装、有别致品味的年轻客户的潮流圣地。香港 I.T 集团因其走在服装潮流的尖端而成为"年轻、服装"的代名词。

20 多年过去了,今天的香港 I.T 集团已经发展成为四大板块,即大 I.T、小 i.t、自创品牌和代理品牌。大 I.T 和小 i.t 有非常清晰的定位区分。大 I.T 网罗的是欧洲一些一线品牌以及它们的附属二线品牌;小 i.t 网罗的主要是日本和欧洲的一些深受年轻人追捧的服装个性品牌和自创品牌,更年轻化、平价化、流行元素更多样化,以源自日本的前卫流行品牌为主。

图 1-11 香港买手店 I.T

1.3 服装买手的产业环境

1.3.1 国际服装买手的产业环境

(1)伴随欧美国家服装产业转移而发展

服装买手最先在欧美国家产生,当时的产业环境主要集中在百货公司中,即服装零售环节中。随着欧洲服装产业的转移,品牌服装企业出现买手这个职位,这是买手开始发展壮大的契机。由于产业转移,在欧美等国家劳动力成本昂贵,制造业逐渐退出欧美等服装品牌发达的国家,而伴随着这种产业的转移,服装产业的运作模式产生了很大的变化,买手正是伴随着这种变化发展起来的。

以英国为例,其本土服装制造业在20世纪80年代到90年代基本萎缩。以Marks & Spencer's(马莎百货超市连锁企业)于1999年与其长年合作的英国生产厂家William Baird终止了长期合同为代表性事件,导致大量进口货品源源不断地涌入英国市场。英国本土采购已经远远不能适应消费者的需求,服装产业的新发展导致大量需求既有服装认知度,又有市场运作敏感度的全球采购的专业人才,买手在这个时期得以快速发展。

在由制造业为主的服装产业向以品牌营销为主的服装产业发展的过程中,英国的大部分服装企业成功地转型为服务型企业,从而有效地避开了低成本竞争的主要矛盾,买手制的应用让英国以经营快速货品流转、高品质的设计服务和高质量附加值成为强项。在英国本土进行设计、开发,而订单发往海外加工生产的贸易型企业呈现逐步上升趋势。英国著名品牌TOPSHOP(图1-12)因为采用买手模式,服装知名度大大提高,从20世纪的90年代发展到21世纪初其营业额增长了三十多倍。

图1-12 英国买手模式店铺 TOPSHOP

(2)受到全球化以及全球采购模式得以普及

现代的欧美零售业,大部分企业已逐步将加工制造合作企业从本土转移至以东南亚为主的海外,从海外采买进口成衣成为主要渠道,东南亚的廉价劳动力和全球采购品种的多元性是欧美服装制造业无法竞争的,而这种全球采购也更快速地催生了买手模式的推广普及,其实就是外贸的另外一种说法。买手负责在全球采购面料和辅料,找厂家代工,把控各个环节,不但要考虑到成本,更要着重考虑到数量、款式、色彩、面料、尺码等。

过去十几年来,这种在本土设计全球采购的公司在欧美等服装发达的国家非常盛行,给买手制的发展和成熟提供了肥沃的土壤。

（3）受到流行服装影响得到全面发展

20世纪末期，全球经济高速发展，全球服装产业出现流行多元化、年轻化和快销化的趋势。原来以百货零售业态为主的分销模式也逐渐多元化，如图1-13所示，HARRODS的百货就采用了买手制经营模式，其产品组合具有更加个性化和针对小众人群的特点，迅速得到市场的认可，在短短十几年的时间里取得了全面的发展。随着服装产业的发展，服装买手职业也在21世纪初从欧美国家传入我国。

图1-13 英国古老而又现代的买手模式商场——HARRODS百货

1.3.2 国内服装买手的产业环境

我国服装产业链由生产、批发和零售三个主要环节组成。买手的工作也存在于三个环节之间，尤其是在批发与零售环节之间，买手发挥着巨大的桥梁作用。

同时，作为连结设计与销售的桥梁，买手的感性审美与理性逻辑需要贯穿始终。他们对潮流趋势有着敏感的"嗅觉"，对服装资讯了如指掌，对消费群体有着全面的分析和有序的营销战略规划。他们能将设计师最好的产品带给最适合的消费群体，是品牌与消费者之间的桥梁，更是最能牵动服装消费潮流的引导者。纵观整个国内服饰行业的买手职业，还不存在如此分工细致的买手团队，买手还只停留在单一的采购状态。设计版型、面料、印花等方面基本都是由设计师和一个买手来完成，这也正是国内服装品牌在设计、面料、版型各方面无法实现高品质的根本原因。品牌买手团队的分工细化，是国内服饰买手品牌的大势所趋。

买手制作为国际服装品牌通用的运营管理模式，早在50年前就风行于商业发达的欧洲，并在亚洲的日本、韩国发展得有声有色。而在中国服装企业中，这一商品运营管理体系才刚刚起步数年。

中国服装产业的发展正处在从低附加值的制造模式向高附加值模式的转型时期，这为买手制的导入创造了环境土壤。买手模式在中国企业中的建立与发展已经成为必然，买手制融入中国企业也在逐渐成为现实。

买手行业的兴起将会引发服装销售渠道的一次革命。买手们可通过销售一线预知未来发展流行趋势，以此来影响企业，让企业设计生产出符合消费者需求的产品，而企业则会根据买手提供的信息做有效整合并优化服装上下游的整个产业链。

目前，服装买手在我国是一个新兴的特殊群体，处于发展的起步阶段，买手群体的成长迫切需要得到行业的关注与支持，为培养服装买手或为服装买手提供公共服务平台。近几年来，在中国服装协会等行业组织的推动下，买手交流和锻炼的平台才逐渐建立起来。

本章小结

- 从买手的起源开始到买手的工作性质的简述，从多方面了解买手。
- 从不同的角度来分类买手，同时简述不同类型买手的区别和各个职能的要求。
- 从买手的国际产业环境到国内的产业环境，简述买手在当下的发展现状。

思考题

1. 什么是买手，你是如何理解的？
2. 服装买手可以从哪几个角度来分类？
3. 简述不同类型买手的区别和共性？
4. 简述买手的国际和国内产业环境如何？

第 2 章 服装买手的工作内容与职能

本章要点

- 服装买手的工作内容
- 服装买手的职能
- 服装买手需要具备的素质

学习目标

1. 知识目标

通过本章学习,使学生初识服装买手的工作内容和性质,了解服装买手职业在企业中的地位和作用。并在此基础上,分析成为一名优秀服装买手应具备的素质和条件。

2. 能力目标

熟悉服装买手的生存环境和职业特点。深入了解买手的工作性质和所需技能。让学生结合自身优势及其所具备的专业知识及能力,了解要从哪几个方面提升自己,未来才能成为一名合格买手。

2.1 服装买手工作内容

在现代服装企业中,服装买手的作用日益举足轻重。尽管如此,服装买手仍然是销售团队中的一员,就像戏剧中的主角不能独自承担演出成功的责任,或者体育明星不能独自完成团体胜利的任务一样,只有通过团队的共同努力,才能实现或者突破最终的目标。在服装零售活动中,对各个环节的管理,如顾客服务、广告、促销以及公共活动,都对实现销售目标起着很重要的作用,单靠买手自身很难实现零售商所追求的目标。

大型商场的商品销售部门人员包括销售总监、销售部经理以及大量的买手。买手要从大量可供购买的商品中做出自己的选择。消费者在购买服装时,经对种类繁多的款式进行选择,他们的最终决定不尽相同。当然,这种选择作为个人行为,只需使自己满意。而当一个买手在做出最终购买决定时,其个人满意并非最重要的,顾客的满意程度以及公司的盈利程度是判断购买与否的关键指标。因此,从某种意义上说,买手品牌公司的命运很大程度上掌握在买手的手中。

如今的商业竞争更加激烈,不仅各种类型的商场数量增长速度加快,而且服装品牌数量之多,已达令人无法想象竞争激烈的程度,互联网无店铺较低成本的销售方式不断地将触角伸向消费者。对那些以店铺经营为主的零售商以及新型销售方式为主的销售商而言,买手的作用都变得十分重要。商品对所有经营商来说是最重要的,也只有通过买手才能做出正确的选择,来满足消费者的需要。

2.1.1 服装买手主要工作内容

无论服装买手是供职于小零售店,还是大型百货商场、连锁店、目录销售公司、互联网销售公司,或者是家庭购物网络店铺,他们都必须承担着各自具体的职责。每个公司的性质和规模决定了其买手的工作范围和方式。总体上看,买手的工作包括以下几个方面的活动。

(1) 挑选品牌和商品

无论规模大小,挑选供消费者选择的商品是所有零售企业最为主要的工作。

商品应在价格、质量以及档次等方面迎合消费者的需要。服装买手不但要从所有可供选择的商品中挑选出最具有获利潜力的商品，而且必须仔细制定采购计划。这种采购计划包括所采购商品的种类、每种商品的购买数量、选择供货商、确定到货时间等。

由于激烈的市场竞争和快速的流行变化，买手应及时挑选到适当的品牌和产品。为此买手通常通过参加各类专业服装展会、品牌订货会、服装发布会等途径完成这一任务。如图2-1所示，这是全球最大的牛仔、街头类的服装展会，寻找牛仔、街头服装品牌的服装买手每年都会聚集在这里，了解产业的新动向，挑选合适品牌和产品。

图 2-1 服装展会是服装买手聚集的地方

（2）采购商品及定价

服装买手最重要的采购具体工作内容：①分析商品的零售效果；②明确季度/月度的销售目标，明确具体分销的网络情况，明确具体店铺的容量情况；③明确该地区的市场容量；④阅读同行业广告及服装出版物，随时掌握市场最新信息；⑤与零售或经销客户沟通，以获得销售信息；⑥预估季节的每一系列风格和色彩的单位数量，了解每一风格所采用的布料与款式；⑦出差至零售单店或经销店与业务人员开会；⑧与产品经理/设计师沟通差异化的地区需求，支持产品开发；⑨与企划部门共同规划展示、促销活动。

采购商品之后，接下来必须确定销售价格。通常由高层管理部门制定定价策略，例如下一季的财务目标、加成比例、价格带范围等。服装买手以及商品主管根据定价策略负责具体实施，服装买手根据市场价格水准，按照公司利润最大化的原则对商品进行定价。一般来讲，买手预定的价格会再由高层来做最后决定，但是针对一些涉及价格竞争的特殊商品、滞销商品，公司应赋予买手部分定价的权力。

（3）服装买手在采购中的职责

① 新产品开发

服装买手按照职能来分，可以分为生产型买手和零售型买手。生产型买手的一个主要工作内容就是辅助品牌进行新产品开发。此外，零售型买手也有将市场信息、产品信息传递本公司设计开发部门的义务。很多情况下，国内服装企业大都有协作的外部生产厂家，一些超大型的公司甚至有专为自己生产经营商品的生产商。因此服装买手辅助产品开发的职能对服装企业来讲十分必要。

这里应该说明的是，很多销售专营商品的零售商是利用买手选择适合的产品，贴牌后进行统一销售。这样既丰富了自己的产品系列，又降低了研发成本，提高了市场针对性。但是这种开发行为是辅助性的，而不是买手创造了这些商品。

② 产品门类的组合

服装买手工作的一大特点是对各类服装以及相关产品的选择和组合。通过买手对店内品牌和产品门类的组合，把同一市场上不同品牌的畅销款式根据不同方式和风格进行取舍和组合，使得原有产品在重组后焕发了新的风采，从而起到吸引消费群的作用。如图2-2所示，坐落在美国纽约的买手店铺C. WONDER，将服装、饰品和家居等生活用品以一种统一的主题组合在一起，表达出欢快、有趣的店铺氛围，吸引了当地众多消费者。

服装买手也可以把另外一个品牌的畅销款式根据客户的需求变成客户手中操作的品牌，对买手来说这样的变更只是换一个品牌的商标而已。随着这种新型经营理念被广泛接受，服装买手对店铺中品牌和门类的选择和组合成为买手工作的重要内容之一。他们不是设计师，但却是了解消费者对款式、风格、颜色以及尺码等方面的需要，并根据潜在需求组合产品的人。

图 2-2　坐落在美国纽约的买手店铺 C. WONDER

③ 广告、促销、视觉营销和公共宣传

当今社会是信息爆炸的社会,市场中充斥着各种类型的媒体和广告。大型零售商都有自己的广告宣传和促销人员,他们通过报纸、电视、杂志、商品目录、策划主题活动,以及布置吸引消费者注意力的橱窗陈列等进行各种广告宣传。进入 21 世纪后,微博、微信、二维码等各类新媒体的出现,更加丰富了品牌拓展和推广的手段。

服装买手负责为公司计划并制作相关的广告和商业活动。有些活动是他们独立完成,有些请广告公司帮助。他们还要策划主题活动,及在橱窗和商场内部陈列设计。在这些活动中,买手发挥着重要的作用。虽然策划队伍在策划项目上经验丰富,但是他们并不太了解商业运作。事实上,没有谁能比买手更知道如何宣传或展示他们选择的商品。正因为他们知道什么商品会热卖,宣传中会突出产品的卖点,从而取得较好的销售结果。

④ 辅助销售

辅助销售是服装买手工作的重要节点,是买手前期工作的延伸,也是对他们工作成效的检验。服装企业买货的最终目的是通过销售赚取差价。在这个过程中,服装买手是对货品最了解的人,所以买手指导和辅助销售,对提高销售业绩有显著效果。与此同时,买手也会在销售过程中了解到准确的市场情报,用来指导下次的买货行为。服装买手终端辅助销售的工作内容包括:卖场选择、客户管理、产品信息收集以及促销策略制定等。买手通过在店铺中与其他员工以及顾客交流，获得有助于制定采购计划的必要信息。利用这个渠道，买手能够把握公司所有店铺的脉搏，进而选择更有针对性的货品，更好地为客户服务。

⑤ 寻找货源和供应商

买手在客户所在市场上进行长驻的时间一般为一个发货周期，也就 10 天左右，他们手中畅销款式的品牌最少也有十几个，每到一个市场，就会迅速地寻找意中客户，不断地与客户进行商谈，以期在最短的时间内得到最大的订单。

市场是在不断变化的，新的货源与供应商为买手提供质好价优的产品。不断寻找好的品牌、好的产品门类和高性价比的产品都是服装买手时刻不应忘记的职责。找到适当货源后，买手还要与供应商进行产品的沟通，但通常是针对销售市场适当的修改，不会做大的修改，修改程度和要求也与订货数量有关，如交货期、付款方式、定金比例、尾款时间等。供应商往往都希望款到出货，但这就把风险压到了买家这一边，称职的买手会尽量减少自己的风险，但这些也要顾及到自己公司的规模和信誉。

根据以上解释，在服装供应链中，买手工作覆盖面广，上至服装产品的开发、设计，下至服装的终端零售，如图 2-3 所示。

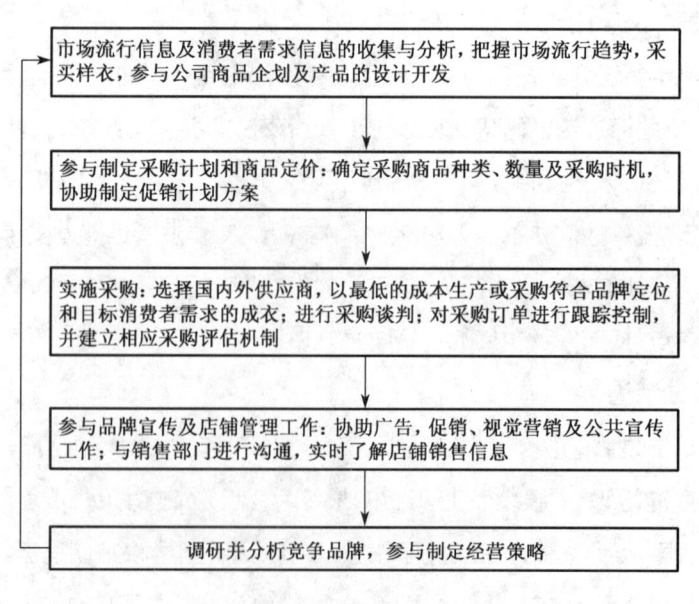

```
┌─────────────────────────────────────────────────┐
│ 市场流行信息及消费者需求信息的收集与分析，把握市场流行趋势，采 │
│ 买样衣，参与公司商品企划及产品的设计开发             │
└─────────────────────────────────────────────────┘
                        ↓
┌─────────────────────────────────────────────────┐
│ 参与制定采购计划和商品定价：确定采购商品种类、数量及采购时机， │
│ 协助制定促销计划方案                              │
└─────────────────────────────────────────────────┘
                        ↓
┌─────────────────────────────────────────────────┐
│ 实施采购：选择国内外供应商，以最低的成本生产或采购符合品牌定位 │
│ 和目标消费者需求的成衣；进行采购谈判；对采购订单进行跟踪控制， │
│ 并建立相应采购评估机制                            │
└─────────────────────────────────────────────────┘
                        ↓
┌─────────────────────────────────────────────────┐
│ 参与品牌宣传及店铺管理工作：协助广告、促销、视觉营销及公共宣传 │
│ 工作；与销售部门进行沟通，实时了解店铺销售信息        │
└─────────────────────────────────────────────────┘
                        ↓
┌─────────────────────────────────────────────────┐
│ 调研并分析竞争品牌，参与制定经营策略                 │
└─────────────────────────────────────────────────┘
```

图 2-3　买手的主要工作内容

2.1.2　服装买手与当代零售业

当代时尚产业与零售业紧密衔接，融为一体。服装买手职业更是以当代零售产业为背景的工作。在了解服装买手工作之前，首先应对当代零售业有一定的了解。

当代零售行业按组织结构划分，主要分为三种类型。第一类是传统零售业态：主要包括百货商场（Department Store）、连锁店（Chains）、时尚独立店铺（Single-unit Independents）。第二类是新型零售业态：主要包括自有品牌（Private labels）、奥特莱斯（Outlets）和特许经营模式（Franchise）下的零售店铺。第三类是强势零售业态：主要包括目录邮购（Catalogs）、家庭购物系统（Home Shopping Networks），以及当今最热的电子商务（Internet E-commerce）。

随着时尚产业的快速发展，各类品牌和零售业态如雨后春笋般地破土而出，这一方面满足了消费群日益增长的时尚需求，另一方面加剧了产业内部的竞争。成功的运营模式和品牌运作方法，以及风格定位都被无限的复制和抄袭。久而久之，产业内的同质化问题日益严重，使得每一水平线上的零售企业面对共同存在的激烈竞争，都会产生如何凸显自己特色的问题。无论是传统意义上的零售商、低价销售商或者折扣商，还是无店铺销售商，都几乎在经营同样的商品。它们之间尽管商品雷同，但价格可能各有差异。

在竞争尤其激烈的服装零售业中，商场品牌同质化越来越严重，可以在不同的商场遇到同样的品牌和商品。为消除这些商品的同质性，许多买手制零售商开始提供一些仅供自己经营的自有商品（Private Label），这些自有品牌限定只能在自己同名连锁店铺内销售，并由该零售集团的开发部门对其进行独立开发。自有品牌在现代服装零售产业中所占比例不断加大，也是买手模式在现代零售业中的升级模式。例如，美国梅西（Macy's）百货就拥有像艾凡尼（Alfani）、詹姆斯·摩尔（Jennifer Moore）和俱乐部室（Club Room）之类的自有商品，如图2-4所示。在店铺中，这些自有品牌产品和其他买手采购的其他品牌的产品放在一起销售，一般消费者很难分清各个的归属。这样的结果往往是自有品牌在价格上有竞争优势，给买手店铺带来更丰厚的利润。买手店铺中设立自有品牌，已成为当今市场中的一个成功的商业模式，像梅西（Macy's）百货这样的商场，其自有品牌的收入占到了总收入的一半以上。

图 2-4　买手制百货商场 Macy's 及其自有品牌

当前,国际上还有一种与自有品牌相反的操作模式——"商店即品牌"(Store-is-the-brand)零售模式。这种模式的主要特点是生产商自己直接做零售,形成生产商和零售商"二位一体"的模式。该模式要求企业规模大,实力强,在操作中也大量借鉴了买手的经营管理手法。盖普(Gap)品牌是这种模式较早的发起者,并将该模式发扬光大。后来的 Zara、H&M 等品牌都基本上延续了这种经营理念,并不断加入新的战术思想,将该模式的运营推向了高峰。当前国际上销售额排名前十的服装企业有半数以上都采用了这种运营模式。

2.2　服装买手的职能

2.2.1　服装买手的主要工作职能

(1) 市场调研职能

市场调研是服装买手的基本职能,也是最关键的职能。优秀的服装买手应该时刻关注市场动态变化,不仅对竞争品牌的产品进行调研,也应了解自己店铺中的货品销售情况,并根据这些调研数据制定出自己的市场操作方案。

服装买手市场调研方案包括的主要内容有：

- 调查目标市场中同类品牌的竞争格局；
- 调查竞争品牌的销售情况；
- 调查同类商品分销代理与加盟的渠道现状；
- 调查自己品牌往年畅销款式的结构；
- 调查当地市场的气候与消费者的穿着习惯；
- 调查竞争品牌同类商品的价格策略；
- 调查同类品牌产品设计风格特征；
- 调查当地市场销售的起落时间段以及造成这些起落的原因；
- 调查当地市场的消费能力与当地的消费水平；
- 调查分析当地市场代理商及加盟商的经济结构与代理加盟的商业习惯。

服装买手通过对市场调查，得到一个国家或地方的经济收入情况、社会教育水平、人们的消费观念与经济产业格局方面的综合信息。买手的行为是商人的商业行为，从服装这个角度来说，只要当地不发生战乱与灾难等不可抗力影响事件，买手的商业行为就不会受到制约。当然，如果把这样的情况放到国际买手行为当中去，商业利润可能会产生两极分化，一种可能是市场利润极低，另一种可能会出现暴利，这些都受到异地汇率、商业地产价格和税收等因素的影响。

（2）选择和联络供应商

时尚买手在日常工作中总要和供应商联络。一个买手可能会花更多的时间与供应商的设计或销售部门的代表进行交流，而很少与同部门的买手代表进行沟通。因此，基于互惠互利的目的，与供应商建立较强的合作关系就显得尤为重要。在本书中出现的受访者都曾强调由于对供应商的信赖，使得他们的买卖非常成功。但是很多时候，因为拥有最终的决策权，买手会站在对立的角度看待供应商。其实这种姿态对于一桩成功的买卖来说是极为不利的，这样一来供应商可能会由于买手的独断专行而不愿提供新的想法。买手应当谨记在心的是：零售商和制造商拥有一个共同的目的，那就是通过满足顾客的需求尽可能多地卖出服装。为了提高谈判效率，买手与供应商应该建立诚实、可信与相互尊重的关系。如果买手能迅速而专业地回复供应商的电话和邮件，就可以及时看到制造商发布的关于样品及成本预算的信息。出于多种原因在购买周期中买卖双方会针对选货、订货、发货进行谈判。当供应商拥有自主商标时，买手还要参与产品的研发过程。

（3）产品开发职能

对于大部分大众成衣品牌或零售店铺来说，每季所推出的新产品应跟随主流流行趋势的变化，才能顺应市场潮流。但对流行趋势的跟随，应根据目标顾客群体的喜好和特点做适度的取舍。消费者对流行的接受能力会因年龄、性格、地域、文化而不同，如何将流行元素转化为自己目标人群所能接受的商品，这是买手的首要职能。

这种职能对于小企业特别重要。小企业的掌控权一般都在企业家手中，而对于买手人员来说，掌控企业整体的运营是不太现实的。小企业的发展过程中，买手人员可依据市场需求进行产品开发。在买手下面设置好开发的抄手及相关团队人员构架，帮助买手进行更好的产品开发就可以了。在这种买手团队职能的设置上，企业也需要建立信息网点，同时，买手团队的量化与业绩考核的标准也应当清楚明确。在欧美，这样的设置为大多数奢侈品牌所采用，也为一些小企业所采用，因为这样的设置便于企业及时掌控与调整，不会出现大的经营性风险。小企业的管理系统与考核体系不高，因此，这种设置对买手团队来说是非常合理的。

（4）采购职能

对于买手来说最重要的工作就是负责采购，服装买手的采购职责有：

- 以良好的存货管理，且随时用心监督销售、定价、商品周转及减价等做法，达成设定的毛利目标。
- 随时掌握市场现状及供应状况。
- 与供应商建立正向积极的关系。
- 寻找新事业的契机。
- 观察竞争者的定价、广告和商品配套组合等策略，以掌握竞争态势。
- 提供与消费者对价值、品质及流行需求一致的商品配套组合。
- 与其他部门密切合作。
- 扮演采购部门与门店的有效沟通桥梁。

（5）店铺维护职能

这种职能设置对那些做渠道起家的企业适用，也对小企业适用。因为在这种企业环境下,买手如果不能够及时掌握店铺的实际销售情况,就不能有效地开发出适合自己渠道需求的产品。而其团队的其他成员职能,在这个时候就要变得更为专业化。比如说抄手,其开发职能应当被强化。当然,其考核的体系也要更加清楚与明确。买手在开发产品时会考虑到渠道需求,而渠道需求的信息,也会在第一时间反馈到买手团队中来,使团队的开发目的更加明确。信息反馈体制与买手人员分管店铺的情况在这个时候最好配合出现。企业赋予买手团队中每一个买手分管相应的店铺,同时配合市场营运体系来进行协作,使企业能够很快地得到发展。

（6）整体运作职能

这种职能部门的设置是由企业发展的状态决定的,像 Zara、H&M、C&A 和 Gap 等企业都设有这种职能部门。一般来说,大型企业更适合买手发挥整体运作的职能,由于推出的产品系列多、门类全、款式杂、波段多,因此要买手发挥整体运作货品和协调整合产品的能力。这也是因为一般大型企业中的买手团队职业化、专业化操作程度高,企业市场渠道广。刚开始运营的小企业一般是业主亲自进行类似的操作,没有设置买手岗位或由其他岗位兼职。其实,无论是大企业还是小企业都可以设置该职能。

（7）谈判职能

服装买手的另一关键职能就是在与供应商交易过程中进行价格与交期的谈判。因此,许多大型零售商都会为买手提供专门的关于谈判技巧的培训课程。服装买手可以通过以往的经验估计出消费者会为某一服装出的价格,从而给出该商品的最佳订货价格。供应商会通过各种渠道获取买手出价价格,然后计算出自己生产该产品的成本价。一个有经验的制造商能预测出买手的预期价格。很明显,买方希望支付得越少越好,卖方恰恰相反,因为双方都要为各自的公司创造最大利润。然而,买方和卖方都应该实事求是地给出一个公道的价格。如果买手达不到零售商的目标利润,采购经理很可能需要就此价格申请特批采购此类服装,否则将取消采购这一款式。

货品的交期是指从买手订货到收到货品之间所需的时间。交期是谈判的关键点,因为它既影响供应方的生产时间,又影响买方的上市时间,因此双方都要对此进行商谈和界定。值得一提的是,有经验的买手不是希望到货越早越好,因为太早入库反而会占用现金流和仓库。但是交期短是买手喜欢的,因为那样对资金的占用时间也随之变短。

作为买手模式企业,市场体系与职能只能依据买手产品开发为设置标准。当然,企业也可以依据自己的实际运作情况进行设置,不论怎样千万不要把买手职能设置成单一的采购职能。

2.2.2 服装买手与其他部门的关系

零售采购不是某一个部门独立完成的工作,它需要同企划、销售、设计等团队的协同合作,各个部门要在决策者统一协调下执行各自计划方案,只有这样新产品开发工作才能有序地展开。零售企业的销售团队,尤其是买手,担负着选择商品以满足消费者需求的重担,往往是团队的核心,如图 2-5。

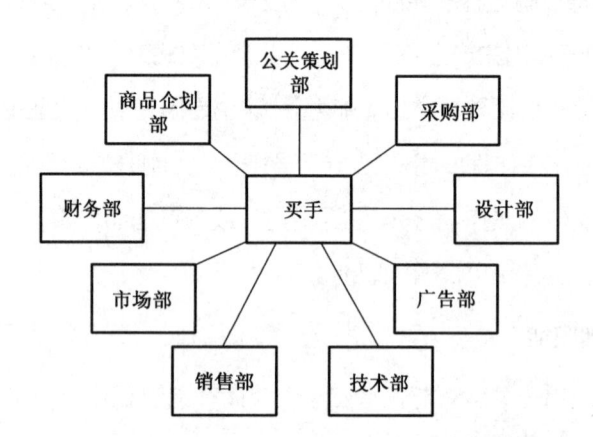

图 2-5 服装买手与服装企业各部门之间的关系

(1) 与销售部的关系

在连锁店和大型百货商场中,买手的上级是产品部经理(DMM)。产品部经理担负着分配商品预算、设立部门目标以及在经营时尚产品的商场中确立流行款式等方面的职责。由于产品部经理是最具有可能具有采购能力,并具有能够帮助买手进行决策的经验丰富的人,因此买手经常可以从他们那里获得指导和帮助。服装买手也有不同的级别,高级服装买手在企业中可以提拔为产品部门的副总。在买手这一职位下面,是给予买手多方面帮助的买手助理。与买手助理建立良好的关系,能够促使助理非常明确地了解买手的需要,并进而使他们为自己提供更好的服务。在服装零售公司中,服装买手助理能够帮助买手设计未来的采购计划。与其助理建立良好关系,有助于买手解决部分预测流行款式问题。

由于消费者会重复购买满意的商品,因此,了解消费者对商品的喜好以及能够接受的价位,将会帮助买手稳步扩大商品的销售量,进而提升企业获利的可能性。

(2) 与广告部的关系

无论是在专卖店还是在大型零售组织中,买手通常承担广告策划的责任。尽管买手可能对涉及信息传播与平面广告之类的领域所知甚少,但他们却总是确定最终广告商品的人。事实上,又有谁比买手更能了解需要促销什么样的商品呢?通过与广告人员定期交流并建立良好的工作关系,买手就很有可能在广告宣传中占据一席之地,这能够使其选购的商品以一种合适的方式展现在消费者面前。广告是零售商赢得顾客的最好方式。

(3) 与公关策划部的关系

在现代的商业环境中,企业与品牌的公共关系都是至关重要的。店铺买手为了促进销售,除了借助广告推广外,通过公共关系管理也是一种有效的推广手段。例如,通过公共关系部门策划诸如店庆销售、明星签售或者其他的一些以销售产品为目的的特殊活动。与广告和陈列一样,买手在活动中选择合适的促销形式和促销商品,试图达到成功促进销售的目的。

(4) 与企划部的关系

现代服装企业中,企划部通常有两大职能:一是商品企划——负责产品的数量和资金等规划;二是形象企划——主要负责视觉推广方面的工作。尽管买手通常不属于分店或者基层部门,但与货品计划和视觉推广部门建立一种良好而稳定的关系是非常必要的。因为正是这些人最了解企业和店铺的货品预算和计划,也直接关系到对未来销售的形象和展示方面的支持。

此外,在很多大型商场、连锁店以及专卖店中,商品展示是吸引消费者关注商品的促销手段之一。通过在商店内及其橱窗中展示商品,使消费者眼前一亮并被吸引,将会最终实现该商品的销售。如同广告宣传一样,所展示的商品通常也是由买手决定的。被挑出供展示的商品或者比较时尚,或者正为主流消费杂志封面所关注,或者具有价格优势(正在促销的商品)。通过展示,将会促进这些商品的销售。通过正确的商品挑选以及适当的商品陈列,那些表现优秀的买手就可以获得成功。

（5）与人力资源部的关系

人力资源部的责任是为工作繁忙的服装买手挑选最适合的助手。尽管买手在挑选买手助理时拥有最终决定权，但人力资源部的人员在挑选过程中也扮演着非常重要的角色。经过适当的录用手段以及遴选机制，买手会得到一个挑选出的最具潜力候选人的名单。通过这种方式，买手只需要花很短的时间去做最后的决定，并得以将节省的宝贵时间用在其他工作上。

通过与人力资源部的人员建立密切关系，买手就能够更加容易地找到适合的人选。尽管录用程序最初建立在公司的职位说明上，但买手的意见却经常帮助该部门的人员更明确地挑选候选人。

除了上面讲的关系以外，如果服装买手与商场管理的各个部门中的人员建立了良好工作关系，并明确了相互之间的交流机制，工作起来就更加顺畅。此外，买手根据自己的工作需要还可能需要和公司的设计师、财务部门沟通。

2.2.3 服装买手在零售业中的地位与作用

当代时尚产业分为生产、批发和零售三大环节。一件产品从生产商那里出来，需要经过或多或少的流通渠道才能到达终端消费者手中。在各种流通渠道中以零售渠道最为重要，因为它是直接面对消费者的一环，就像足球场上的临门一脚最为关键一样。

服装买手在零售业中发挥着极其重要的作用，地位无可替代，其作用表现在以下几个方面：

一是服装买手是连接生产商和零售商的桥梁。他们在服装企业运营中发挥着联系企业与市场、供应商与零售商、时尚创造者与消费者之间的桥梁作用，负责从服装生产商或服装批发商等供应商手中挑选服装货品，然后由服装零售商销售，是联系服装供应商与服装零售商之间的桥梁。他们从生产源头挑选适当的产品到零售渠道中去销售，他们的存在解决了很多生产商苦于没有零售渠道以及没有分销能力的问题。当然，也有很多大型生产商直接自己做渠道，同时扮演零售商的角色。在这种情况下，服装买手的职能仍然没变，只是他们更明确地是在为生产商服务罢了。

二是服装买手是将时尚流行快速商业化的推动者。目前市场上优秀的服装买手店铺都具有时尚前卫、个性突出的特色，这与传统百货商场经营模式下的稳重与经典，与专卖店 SPA 模式下的基本与亲民特色形成了明显的互补。同时买手店铺也是商业竞争的一个组成部分，要符合市场规律和商业规范。因此，服装买手要兼顾理性与感性意识，完美地将时尚店铺的流行文化与销售数据分析结合在一起。

三是服装买手发挥其创造力，他们将原有生产商产品进行再次组合，并按照自己的风格进行展示，使产品焕发青春。服装买手通常有一双犀利的眼睛，可以找到市场中需要的产品；服装买手还有一双有魔力的手，可以赋予原本平庸的产品新的生命。服装买手要充分发挥其经营模式中时尚性和个性化的特点，充分将时尚流行和个性化设计，特别是小众的设计师品牌推荐给消费者，因此好的眼光和组合之手就显得尤为重要了。

如上文所述，当代百货零售业中的服装买手作用至关重要，但在实际操作中也有不同的分级。如图 2-6 所示，常见的百货零售店铺中的买手主要分为：实习买手、买手助理、买手、高级采购经理和总经理几个层级。其中高级采购经理和总经理代表了分管商品采购和销售的最高级别，也是买手职位的最高形式。例如，美国服装买手店铺 JEFFERY 的创建者既是服装买手，也是买手店铺的拥有者，同时由于其在业界的影响力很大，尤其在男装市场有良好的表现，又兼任美国知名精品商场 NEIMAN MARCUS 的副总经理，分管男装。

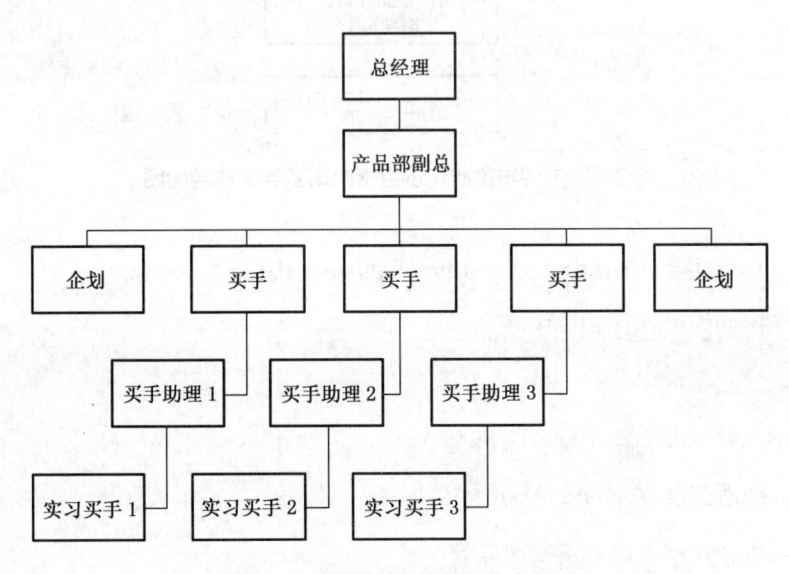

图 2-6　服装买手在企业中的位置

根据服装买手在商场中的不同级别,有不同的分工和职能。

案例 2-1 美国知名百货店买手职位分析

美国最大的零售集团 FEDERATED 集团下的百货商场连锁 BLOOMINGDALE'S 内部运营组织结构中,买手的职位和作用有不同的分级,如图 2-7 所示。

```
                    General Merchandise
                          Manager
                        商品部总经理
                            ↑
    Divisional Merchandise          Divisional Director
          Manager          ←→          of Planning
        商品部经理                       计划部总监
            ↑                              ↑
    Senior Buying Manager            Manager of Planning
       高级采购部经理                    计划部经理
            ↑                              ↑
          Buyer                         Planner
           买手                          计划师
            ↑                              ↑
                                    Associate Planner
                                       企划协助
                                           ↑
                    Assistant Buyer
                       助理买手
                            ↑
                 Merchant Executive Trainee
                         实习买手
```

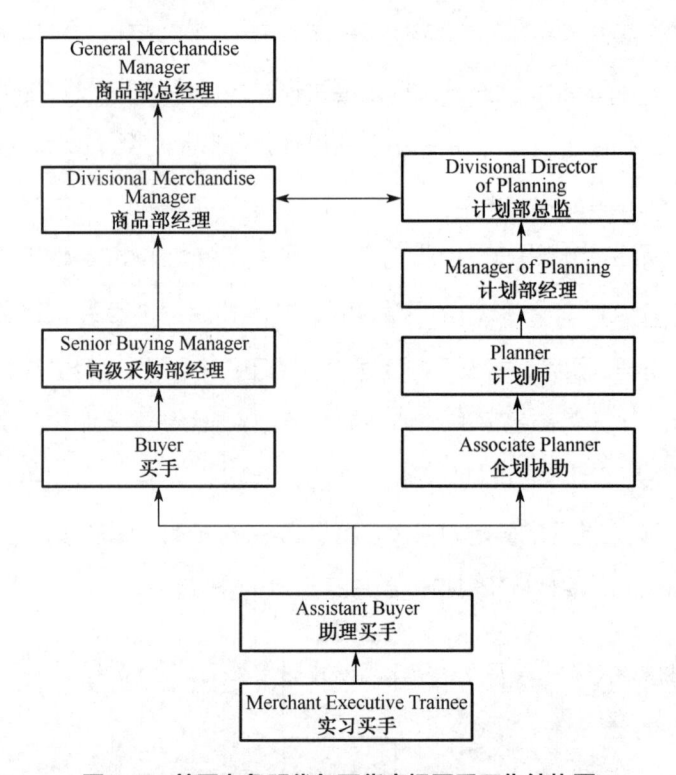

图 2-7 美国布鲁明代尔百货商场买手工作结构图

1. 实习买手(Merchant Executive Trainee)的职能

- 协助买家选择和采购商品。
- 为买手提供业务支持。
- 关键承担职责是分类购买。

2. 助理买手(Assistant Buyer)的职能

- 协助买手选择和采购商品。
- 为买手提供业务支持。

- 关键承担职责是分类购买。

3. **买手（Buyer）的职能**
- 最大限度为一个特定地区提高销售收入和盈利能力。
- 全面支持公司销售。
- 合理把握毛利润空间。
- 制定销售目标。

4. **高级采购部经理（Senior Buying Manager）的职能**
- 指导采购和营销工作。
- 计划各种促销手段以支持销售。
- 引进品牌的选择。
- 顾客管理与服务。

5. **计划师（Planner）的职能**
- 根据情况计划和控制存货。
- 确保公司的重点畅销款有库存和及时补货保证销售。
- 职责是管理经销商品实现店铺的目标销售额、周转次数、毛利率。

6. **总经理（General Manager）的职能**
- 负责店铺全面的运营和盈利。
- 为了确保成功销售设定市场定位，指导品牌文化和店铺陈列。
- 掌握客户动向以及竞争商场动向。
- 管理利益率。
- 管理运营成本。
- 管理商品门类组合和定价。

2.3 买手应具备的综合素质

买手这个职位需要的是创造性人才，要将个人品位、文化修养和时尚资讯转化为对市场的判断能力。当时尚趋势来临之时，买手要懂得如何判断时尚，如何跟进时尚，如何将时尚的信息转化为具体的商品信息，还要懂得如何对世界的流行及时尚媒体产生深远的影响。一名优秀的服装买手应该是一个感性和理性兼备的"双面人"，具体来讲一名称职的买手应具有以下条件。

（1）具有一定的商业头脑

买手需要准确地确定商品的种类与数量。需要有良好的沟通能力，负责对供应商长期有效的联系，让其能够提供充足的货品，使双方达到双赢的目的。还需要快速决策的能力，当供应商所提供的货品不能适应产品需求时，这时，买手的商业头脑要发挥判断作用，能够快速决策，能够对供应商勇敢地说："NO！我们现在不需要这些货品了！"

买手要有对价格的敏感性，应计算出商店需要卖出多少服装才能满足零售商的差价要求，这种差价通常是制造商成本价的2.5倍左右，而对于零售商的自主品牌，其商品的零售价则会在3倍左右。这种差价通常会使零售商获得比较高的利润，但是销售价必须更高才能使该利润覆盖经常性支出，如门面租金、公用事业费、店员薪酬、办公开销、买手薪水等，才能达到公司所期望的净利润。

（2）谈判及沟通技巧

本质上，买手需要不断地与人进行交流。良好的人际沟通能力，擅长商务谈判，具有创新思维与勇于探究真相的意识都对这个职业很重要。当为考察新品种和挑选商品去会见卖方时，买手必须能够在谈判中清楚地表达自己的意愿。当他们为获得更多的购买预算与部门商品管理经理等监督者进行交谈时，交流技巧是非常重要的。他们必须知识渊博并且能够语重心长地与自己的助手交流，以便使其能够承担委派给他们的责任，并帮助他们学会如何为实现销售而妥善解决消费者所提出的问题。

买手的交流技巧不仅是口头上的，还应包括书面表达能力。由于买手经常要向销售地点的总部汇报，或者经常要到外地进行大量采购，信函交流是十分重要的。通过发传真或电子邮件，他们能够迅速获得特定款式或存货等方面的信息。如果能准确并清楚地表达，他们自然会得到所需要的信息。

买手还需要高超的谈判技巧，在与供应商的交易过程中进行价格与发货日期的谈判。

（3）服装方面的专业知识

如果没有对纺织品、面辅料深入的了解，买手又如何能够做出商品采购的决定呢？新技术使卖家所提供的商品种类快速膨胀，因此只有接受过专业教育的人，才能做出令人满意的决定。了解服装生产方面的知识是成为一个好的买手的基础，详细地学习服装面料、服装版型、工艺和贸易方面的技术和信息，对正确的采购至关重要。由于大多数生产厂家提供的商品都处于不断变化之中，因此，买手经常性地进行知识更新是非常必要的。也只有如此，才能有助于买手为公司实现利润最大化。

（4）对流行趋势具有敏锐的洞察力、准确的判断力及预测能力

流行趋势在时尚采购中所起的作用重要。流行趋势是时尚行业存在的基础，服装是流行的载体；流行时尚是服装产品更新换代的推动力，也是不断吸引消费者消费的源动力，更是服装产业利润生成的源泉。流行元素包含的颜色、廓型、面料、细节在每一季新产品中都起着重要的作用，新流行色的加入和局部细节的改变会令上一季的旧款焕然一新，廓型及身长比例的变化同样能让产品产生新意。服装买手应深谙其中之道，根据流行变化，选择符合流行趋势的产品和门类。

流行信息获取的途径可以是多种形式的发布会、时尚杂志、报纸和网站。此外，一些权威的流行资讯机构提供的有偿服务会为产品开发人员提供更有针对性的帮助，因此买手要不断地学习和掌握最新的流行资讯，并逐渐培养出很好的流行预判能力，才能比竞争对手更早更快地把握市场先机。这也是成为一名优秀服装买手的必要条件。

（5）管理能力

大部分买手还是要负责管理受训买手、助理买手或采购部行政人员。在管理的起步阶段，买手可以通过向有经验的买手学习而获得一些管理技巧。面试未来的助理买手是买手的工作内容之一，这需要买手进行有效的规划和必要的准备。买手还需要对服装、财政预算、时间、空间和材料来源进行有效地管理。

除此之外，优秀的服装买手应该在主观上具备一些必要的素质：

- 要有较强计划性，具有目标市场分析、定位分析的能力；
- 具有理性思维能力，做事目的性强；
- 具有献身精神，能胜任频繁的出差工作以及经常的加班；
- 具有团队合作精神。

在时尚流行领域和服装产业中，成为一个优秀的买手，不仅要洞察流行，还要接受新的经验；服装买手是连接产品、销售商和顾客之间的桥梁；服装买手同时要有识别产品的特性、资源以及引发注意的能力，也要知道产业和分配销售之间的复杂关系。如何成为一个优秀的买手，就是能做到在正确的时间、正确的地点选择正确的商品、正确的价格、正确的数量，这就要懂得购买的艺术！

案例 2-2　买手欧洲之旅乐趣不再

《纽约杂志》2010 年 9 月报道，到欧洲参加发布会，同时为老板挑选好卖的衣服，似乎是最有意思的商务旅行了。不过本季的情况就大不相同了。买手们将面对经济衰退带来的一系列挑战。

本季对于买手们来说不但旅行预算削减，时间也变短了。他们不但要节约花费，而且还要跟设计师讨价还价。而且他们的压力也很大，因为他们必须用女性们愿意支付全价的东西塞满店铺。

Rachel Goldberger 是 Neiman Marcus 的买手，她的压力特别大，该公司刚刚宣布损失五亿九百万美元。在米兰的时候，她的旅程比以往都要短，花费也要便宜，没有时间参加任何一场发布会，而是直接到展厅赴约。从早上八点半到晚上七点都在开会，然后回到酒店和自己的团队开会。她要花很多时间和设计师还价，说服他们改变设计，迎合消费者的口味。她说服一家公司去掉针织衫上的手绘花朵，从而降价百分之十，而且能干洗。有些服装公司接受了她的还价。

在针织品牌 Missoni 的展厅，听说发布会上连衣裙用的施华洛世奇水晶可以用塑料制品代替时，Goldberger 非常高兴。替代品不会影响衣服的外观，但是零售价会低一多半，重量也会轻很多。

本章小结

- 服装买手的工作不仅包括采购商品，还要包括商品定价、辅助销售和运营推广等内容。

- 各种业态的零售业是服装买手的主要工作环境。
- 服装买手的工作职能包括市场调研、选择供应商、采购、产品研发及店铺维护等内容。
- 服装买手在不同类型的服装企业组织架构中位置不同，但是都具有不可替代的重要地位。

思考题

1. 描述服装买手主要工作内容之间的关系？
2. 服装买手如何给产品定价？
3. 简述不同类型零售业态中服装买手所起的作用？
4. 简述成为一名优秀的服装买手应具备的素质？

第3章 服装买手与新产品开发

本章要点

- 服装产品开发的流程
- 买手模式对服装新产品开发的重要性
- 应用买手模式对服装新产品开发基本流程
- 应用买手模式对服装新产品开发的优势及其问题

学习目标

1. 知识目标

通过本章学习，了解服装产品的整体概念，掌握服装新产品开发流程及其基本环节，了解买手在服装新产品开发中的作用及其重要性，掌握如何应用买手模式进行产品开发。

2. 能力目标

通过本章学习，学生能够运用买手的技能结合现代服装产品开发技术与方法，与前面所学知识融会贯通；结合实例进行新产品开发，培养学生实际操作能力。

近年来，随着国际间汇率的变化和国内劳动保障标准的提高，我国服装产业生产成本及劳动成本不断上升，导致服装商品的批发价和零售价的提升，原有的产品价格竞争优势日益减小。与此同时，我国服装产业消费结构整体升级，消费水平日益提高，接近国际化水平，同时在拉动内需的政策推动下，我国服装内销市场进一步加大，为服装企业带来了新的机遇。

目前，我国服装企业已认识到打造品牌才是企业最终的战略目标。掌握具体而实际的操作方法是企业成功打造品牌、开拓市场的重要途径。服装新产品开发是以消费者为原点，进行包括市场研究、目标市场细分、流行趋势研究、设计风格确定、产品设计开发和营销组合的商品策划过程。以买手模式指导服装新产品开发具有极大的优势，特别是在国外有诸多成功的案例，正逐步取代传统意义上的服装设计。新产品开发对企业有着重要的战略性意义，如何利用买手进行服装新产品开发是当前我国服装企业必须面对的课题，也是提高服装品牌核心竞争力的主要途径。

3.1 服装新产品开发

3.1.1 服装新产品开发

（1）新产品概述

市场营销学中的新产品，不仅仅指在某一科学技术领域有重大突破而推出的新产品，其意义也更加广泛，新产品是指那些在产品整体概念中任何一部分有所创新和变革，并给消费者带来某种新的满足或新的利益的产品。

（2）服装新产品开发概述

服装新产品是在原有的服装产品廓型、结构、面料、色彩、图案、细节中任何一部分进行改变而形成的产品。服装产品开发的目的是为了促进新的销售或者是为了再次销售所带来的利润。

从客观角度上解释，服装产品必须迎合四季、气候的变化开发新的产品替代过季的产品。因此服装新产品开发就必须受到严谨的生产时间控制和上货波段的准确把控,才能让新产品在适宜的时间销售,达到销售利益最大化。

从主观角度上解释,服装产品有易变性,受流行的影响较大,而所谓的流行只不过是商人为了争取更多的利益所驱动的环节,流行周期时间越短,服装更新速度也越快,服装产品的生命周期也随之变短,需创造新的服装代替过时的服装。

从高端国际品牌角度上解释,由于目前还没有保护服装专利权的有效方法,服装款式非常容易被模仿、跟风、抄袭。但能做到系统性的开发新产品,形成强大的品牌整体效应才能大大减少局部所带来的负面影响。与此同时,高端国际品牌的产品开发已经走向全球化,"山寨品"的仿真度从面料、图案、色彩、工艺等各个方面在一定的程度上受到很大的影响,大大减少了"山寨品"对其品牌的冲击力。

从服装品牌角度上解释,服装没有版权,买手模式在服装新产品开发中起着巨大的作用。买手买入适合本品牌定位的服装,加以消化改造出属于自己品牌的服装。

3.1.2 服装产品生命周期

服装产品生命周期(Product life cycle,缩写为 PLC)主要受市场供求关系与该产品本身属性的影响,分为五个阶段,分别为导入期、成长期、高峰期、衰退期、消亡期,如图 3-1 所示。

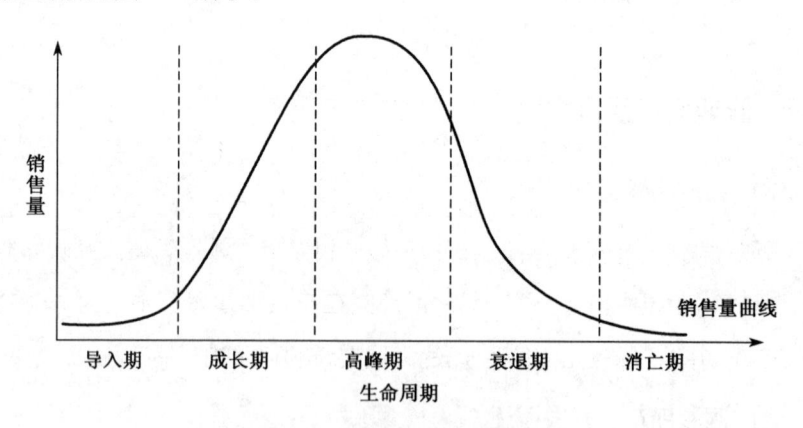

图 3-1 服装产品生命周期图

- 导入期

导入期是产品开始进入市场,针对的目标顾客是走在时尚的最前沿敏锐型时尚达人,但这样的顾客稀少,使得销售增长缓慢。在这个阶段,由于竞争少,品质感强,同时物以稀为贵,价格较高,毛利润相对丰厚。处于这个时期,对品牌形象要求高，导致运营成本增加，产品导入市场支付的成本较高，净利润减少，但能提升品牌形象，提升消费者忠诚度。但对于一般的品牌而言，新产品开发没有一个整体系统的规划及其策略，风险较大，很容易使服装新产品从导入期直接走向消亡期，非但没有提升品牌形象，而且导致企业几乎没有利润，甚至亏损，结果就是"赔了夫人又折兵"。如何利用导入期来创造更多的利润，这就关系到如何利用买手制模式来进行产品开发。

- 成长期

敏感型的顾客不敢走在时尚的最前沿，跟随着敏锐型时尚达人的脚步，察觉到服装新产品的魅力和流行的动态，新产品逐渐被服装企业所认同并开发，随着生产量的逐渐增加，价格也逐渐下降，当然面料、做工等各个方面质量也下降了，消费者从逐渐接受到迅速接受，使之销售量锐增，利润也就由负变正并快速上升。

- 高峰期

服装新产品被大多数潜在购买者接受的同时，已经有被厌倦的势头出现，时尚敏锐型和敏感型人士早已进入另外一个新产品的阶段，从而造成销售额增加缓慢直至饱和状态。在此阶段，就如批发市场利润的关键点就在是否正确掌握了服装生命周期中衰退期前的高峰期。

- 衰退期

当新服装产品开发没有掌握好数量及其销售波段或是没有掌握好准确的流行信息时，最后很容易使服装销售处于倦怠期，销售量加速递减，企业不得不以打折促销的手段尽快解决库存，导致毛利润的骤降，长此以往会严重损害品牌形象，甚至会给顾客造成一种打折销售后企业仍然能有高额利润存在的感觉，从而导致打折才是消费者的购买驱动力，并严重影响销售。

- 消亡期

对于品牌而言，新开发的服装处于死库存，这是个非常危险的信号，需要提高警惕和加以重视，这说明了品牌自身的新产品开发的市场研究、目标市场细分、流行趋势研究、设计风格确定、产品设计开发和营销组合的商品策划等一系列过程中出现了严重的问题。为了减少对品牌形象不良影响，必须将处于消亡期的死库存改变销售渠道，例如需要通过剪标、改标、出口等方式。

当然不是每个新产品都有这五个生命周期的阶段。产品生命周期与流行度、气候季节、价格有关。利润的多少也不仅仅只与销售的阶段有关，还与品牌效应、营销策略等有关。而生命周期中一般分为三种特殊情况,狂热产品、失败产品、风格性产品,如图3-2所示。

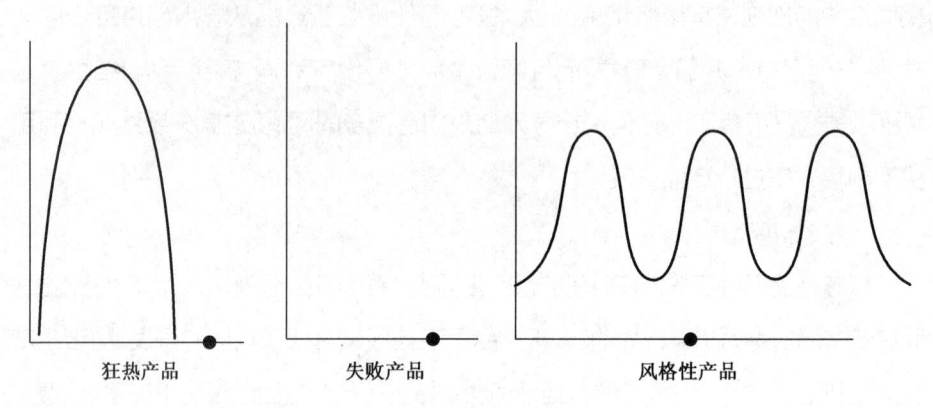

图3-2 三种特殊情况的产品生命周期

  狂热产品是快速进入公众眼睛的款式,它们被狂热地购买,很快达到高峰,然后迅速衰退。

  失败产品是刚进入导入期就步入了消亡期,失败的原因往往是定位不明确、趋势把握不准确、商品企划不合理等方面,一般正确利用买手模式进行新产品开发可以将失败的产品比率降到最低。

  风格性服装产品中一般有两种生命周期曲线,一种是波浪形,还有一种是贝壳形,服装风格作为一种与人相结合后进入社会的"实体",似乎更能将其风格以直观的面貌展现在世人面前。服饰风格是一个时代、一个民族、一个流派、一个品牌或一个人的服装在形式和内容方面所显示出来的价值取向、内在品格和艺术特色。风格一旦产生,流行可能会延续数代,生命周期曲线呈现为贝壳形;若人们对这样风格的兴趣呈现出一种循环再循环的模式,但始终是不会消亡,生命周期曲线将呈现波浪形。

  "缩短前导期"是买手模式最核心的本质——其中前导期包括开发、设计、打样等,甚至可以用"拿来主义"来形容买手模式下的服装产品开发,提前6至9个月甚至更长时间,谁也没有办法准确预测到底会流行什么款式、花色、面料,这就是时尚行业所独有的魅力。在复杂动态的环境下,产品的最新使用者往往是高收入者。他们对价格敏感度低,为早期进入市场的企业采取"撇脂定价"策略提供了操作空间。二八原则约占20%的首先使用者、早期跟随者和早期大众给企业带来了80%的利润。而且随着物联网、互联网等力量的发展壮大,导致了整个服装产品生命周期缩短,一款服装新品推向市场晚 6 个月将导致其整个生命周期内利润下降 15%~35%,甚至还会是亏损的罪魁祸首。

产品生命周期越来越短,流行一波接一波,赶上最恰当的节拍能获得超额利润,而如果看到别的品牌流行而后跟进,因为速度跟不上导致生产或配送时间较长,可能出现当模仿者的产品上市时,人家已经在进行季末打折促销,则生产出来就已经是库存了。闭门造车很容易出现失败的服装产品,导致投入生产的服装还没有得到好的销售结果就已经变成了库存;或者出现狂热产品,没用通过买手对流行有一个很好的掌控和预测,销售速度剧增,误判断为 A 类款进行大批量的生产,但实际却是销售量来也匆匆去也匆匆的情况,而导致后期的货变成库存。对于服装品牌来说,出现这样的应季产品曲线,会使他们的库存压力减少,利润最大化;这样的情况只能极少的存在,一旦量化,这样的曲线也就不复存在了。表 3-1 中描述了产品生命周期的不同阶段的不同特征,开发设计新产品所采取的方法也应有所调整。

分析服装产品生命周期是为了更好地了解服装产品本身的发展规律,因此,新产品开发人员应该做到未雨绸缪,及早改良现有产品或开发全新的替代产品,才能使服装企业的销售有所保障。同时要掌握每个阶段的销售策略,将服装新产品的作用最大化和利润最大化。

表 3-1 服装产品生命周期中各阶段特征

	导入期	成长期	高峰期	衰退期	消亡期
销售量	低	剧增	最大	放缓	停滞
销售速度	缓慢	快速	减慢	负增长	停滞
成本	高	一般	低	回升	低
价格	高	适中	偏低	低	极低
单件毛利润	高回报	中等	微薄	0 或小亏	大亏本
顾客	敏锐型	敏感型	追随型	落伍型	迟钝型
竞争	很少	增多	甚多	减少	减少
面料、材质、工艺	相当的考究	降低	偏差	差	差
应用买手模式	灵活应用	成功应用	应用	不会应用或不应用	不应用
营销支出	高	高(比例下降)	下降	低	无
营销方法及其目标	建立知名度,树立良好的形象,鼓励试用,但不能盲目试用,风险大	眼光和资讯都非常重要,最大限度地占有市场	市场趋于饱和,薄利多销,要懂得把握产量尺度	压缩开支榨取最后价值,舍得打折,否则将导致死库存	需要通过剪标、改标等手段减少对品牌形象的影响

3.1.3　服装新产品的划分

服装新产品是与现有产品相对的,只要是在设计外观或功能等方面与原有产品有所差异,均可视为新产品。服装自身的特点决定了其新产品的原创性较低,大多是在原有产品基础上改良而成。

(1) 根据改良的程度分

① 全新新产品:新面料、新造型、新的细节处理和新色彩形成的新型的服装款式。这样的新产品开发多数是国际一二线品牌,新产品具有强的流行影响力。

② 改进新产品:与现有市场上产品相比,在面料、颜色、造型及细节等方面有局部改进或变化的服装款式。这样的新产品开发中善于利用买手进行产品开发的品牌竞争力大。

③ 仿制新产品:和现有市场上基本相似的服装款式。这样的新产品开发技术含量低,竞争大造成打持久的价格战现象。

(2) 根据新产品对销售业绩的贡献以及投产数量分

① A类新产品:主导销售产品的畅销款,指不分地区,不分店铺大小,都被确定和预测为畅销产品,也是投产数量最大、颜色尺码最齐全的款式,一般来说30% A类款完成70%的目标营销额。

② B类产品:辅助销售产品的平销款,指可能因地域位置不同,部分地区可能畅销的新产品,一般来说30%的B类款完成20%的目标营业额。

③ C类产品:陪衬产品。多数是款式的陪衬、颜色的陪衬、服饰品陪衬、或是单品,一般来说40%的C类款完成10%的目标营业额。

④ Z类产品:指根据国际流行趋势,推出的非常时尚的新产品。这类产品是探索性的,也有可能是形象类的,投产数量最少,主要是用于衬托店铺的档次,一般企业不会有这类产品。A、B、C、Z类都在服装品牌中有各自的地位和作用,如果仅留下A类产品,整间店形象与个性将很难衬托出来而风格变得模糊不清,整体商品将失去气势与颜色。如果仅留下A、B类产品,将失去店铺的亮点,店铺将没有层次感,无主次之分。Z类产品尽量不要全部退场,可以利用产品提升店铺档次与形象,塑造店铺风格与明确的定位,且可用于视角陈列,引起顾

客对店铺的关注。

应用买手模式服装产品开发控制全新新产品、改进新产品、仿制新产品的占比与 A、B、C 类款式的占比对企业的产品线是一项重大战略性决策,如图 3-3 所示。好的新产品开发可以使一组产品线的利润达到最大化。它不仅是服装企业进行生产经营活动的基础,同时也是提高竞争能力和增加经济效益的重要手段。

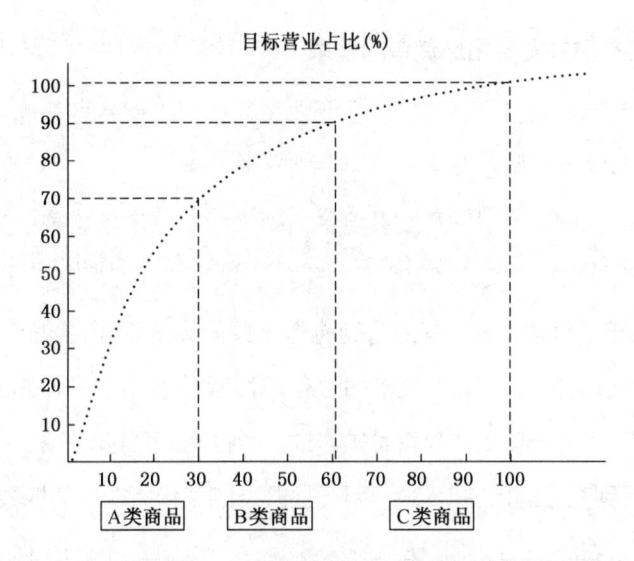

图 3-3　A、B、C 类产品 SKU 占比与目标营业占比图

3.1.4　服装新产品的重要性

新产品开发是服装企业的利润中心,它肩负着公司多条产品线的设计开发,是公司经济收入的重要保证。新产品开发方面的失误将导致公司财务上的损失。在现代服装企业运营模式中,服装新产品开发部门和销售部门同为企业的两大支柱部门。

企业为了生存和发展要通过开发新产品来占领市场,获取利润。而流行趋势新走向、消费者需求变化以及竞争品牌的新产品动态,都是服装新产品不断涌出的原动力。

（1）新产品开发是服装企业生存发展的需求

服装企业同服装本身一样也存在着生命周期,如果企业不开发新产品,当产品走向衰退时,企业也走到了生命的终点。反之,如果企业不断地开发新产品,持续地占领市场，就能不断地发展。一般而言，服装企业每时每刻都应有正在设计中的新款式，在任何时期都有不同产品处于生命周期的各个阶段。

（2）新产品开发是消费者需求变化的要求

随着经济的发展和人们生活水平的提高，消费者需求发生了很大的变化，消费结构变化的加快，消费者选择更加多样化，产品的生命周期日益缩短。在这种情况下，企业就必须不断地开发适应消费者需求的服装新产品。

（3）新产品开发是市场竞争的要求

现在服装企业的竞争日趋激烈，企业要想在市场上保持竞争优势，就必须不断设计新产品，从而增强企业活力。

可见，服装品牌新产品的开发会给企业赢得绝对的市场竞争优势，其开发流程的研究具有重要的意义。新产品的开发不是某一个部门的工作，它需要策划、设计、生产、销售、客户等团队的协作来共同完成。企业的决策者应该搞好各环节的组织工作，在产品开发的每一个阶段都必须制定明确的日程表，编制明确的计划书，使每一项工作都有可操作性。各个部门需要严格执行计划方案，但同时又要得到充分的自由度，这样新产品开发的工作才能有序地展开。

3.2 买手模式下的服装新产品开发

随着 ZARA 在全球大卖，其管理与运营模式也风靡全球，以买手为导向的新产品开发方法迅速为广大中国服装企业竞相模仿。到底应该如何利用买手模式进行服装新产品开发是大多数服装品牌一直困惑的地方，本节结合系统化工作流程和研究型的思维方式，将买手模式的感性与理性完美结合在一起来进行服装新产品开发，按计划进行设计生产，最终为消费者提供所需产品的过程，其本质是以消费者为原点所进行的商品策划，其中包括目标市场研究与细分、流行趋势与设计风格的确定、产品开发和营销组合策划等内容。对服装行业的买手而言，既需要有设计师一样的眼光能对时尚进行准确的捕捉与整合，也需要像销售师一样能准确把握顾客心理、了解其所需；买手作为连接设计与销售的纽带，需要有设计师的审美情趣和眼光，也需要有经营者的系统逻辑思维和执行力。因此，买手模式下的产品开发的潜能逐渐被挖掘出来。

3.2.1 买手模式下的服装产品开发应用范围

服装品牌经常陷入一个常见的误区——服装品牌都得做原创性开发。国内有些人常误以为那些大牌的产品都是原创的，事实上据统计，那些大牌每季原创产品只不过占总品种的10%～20%，其余80%～90%都是靠"整合"，然后进行改款，融入一些自己品牌独有的元素，这就是现在业内比较流行的"买手"模式，如GAP、H&M、ZARA等快速成长的企业都是采用此模式。

即使是高端品牌如ARMANI也只有不到10%的款式是原创的，而且这部分也主要是用来陈列、定制，其余90%以上都是通过买手采版，经设计师改版后采用其独特的面料进行加工生产，融入本品牌元素及其风格。

在当今的我国服装市场中，服装产品和风格越来越多地朝同质化的方向转化，像ONLY、FIVEPLUS、ECCO等很多品牌都没有自己的设计师，他们在不同的地区有自己的开发师，其实也就是我们说的买手。这些品牌能运营成功，更多的是靠服装买手来代替设计师的角色。

可见"买手"模式已经从国际一线品牌逐渐延伸至各类品牌，其模式可以做到以目标市场、消费者为中心，精确敏捷地满足其当季需求。

3.2.2 买手模式下的服装产品开发流程

国内多数品牌都拥有自己的设计师，甚至有些品牌的设计师关系着一个品牌的生死，只要方向一错，一季的货品就成为了库存。虽然国内服装企业开始意识到不能进行沿用传统的设计模式，逐渐走向以设计为导向新产品开发，但是国内品牌不是设计师品牌却又以设计师为主体，没有鲜明的设计风格及其个性，闭门造车的同时给予设计师较大的权限，甚至被冠名为"大师"全权牵引品牌的开放方向，因此很多服装企业常被设计师牵着鼻子走，而企业则是以一种博弈行为经营服装，将宝都押在设计师的身上，这样的风险可想而知了。

如图3-4所示，普通的以设计师为导向的产品开发流程中，虽然比传统设计多了目标时尚调研、流行趋势分析和销售数据分析，但目标消费群的情况可以说是完全不清楚，而目标市场调研没有团队的支撑、缺少专业的评估，单凭自己的经验、跑市场的调研,可以说那是片面地、不准确地把握市场,大大增加了新产品开发的风险。

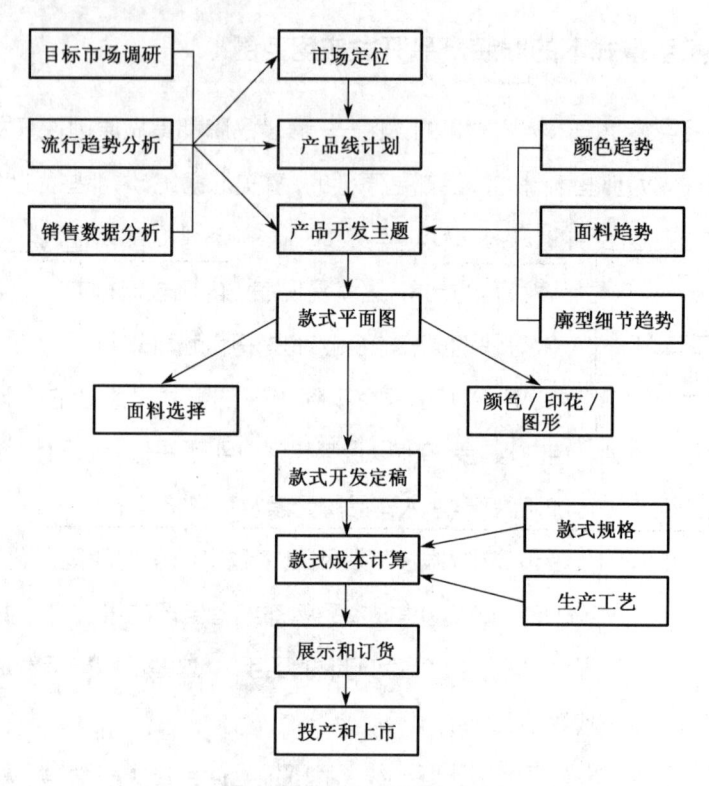

```
目标市场调研 ──┐
              ├──→ 市场定位
流行趋势分析 ──┤         ↓
              │    产品线计划 ←── 颜色趋势
销售数据分析 ──┘         ↓
                   产品开发主题 ←── 面料趋势
                        ↓
                   款式平面图 ←── 廓型细节趋势
                   ↙      ↘
              面料选择    颜色/印花/图形
                        ↓
                   款式开发定稿
                        ↓
                   款式成本计算 ←── 款式规格
                        ↑
                        └── 生产工艺
                        ↓
                   展示和订货
                        ↓
                   投产和上市
```

图 3-4　传统模式下的服装产品开发流程

　　就如麦肯锡所说不要试图"重新发明一个轮子",我国自主品牌可以通过买手直接整合市场上已有的众多资源,实现更准确地搜集时尚信息,更快速地开发出相应产品,节省产品导入时间,形成更多产品组合,大大降低产品开发风险。所以买手模式下的服装新产品开发的任务不是创造全新原创服装而是通过流行发布会、流行趋势、市场及消费者调研等方面指导决策重新组合现成产品,诠释流行而不是原创流行。

　　买手模式下服装新产品开发流程通常始于市场调研,止于产品的投产与上市,其中涉及环节较多,各环节紧密连接、环环相扣,如图 3-5 所示。买手通过情报人员的市场调研、流行趋势的信息、竞争品牌分析、销售数据分析,店铺团队的销售情况、陈列信息、顾客信息与合作机构的竞争品牌、产品信息、供应商信息等情报信息互补验证,根据市场情况的变化和目标消费群的动态进行灵活性调整,更具有协作性和系统性,买手模式不易导致以个人意识或喜好而转移,整个流程结合企业各个信息资源精确地把握市场，同时将市场销售信息、新的流行信息和公司的发展战略等有机地结合在一起，即设计、产销间的统筹与协同管理。

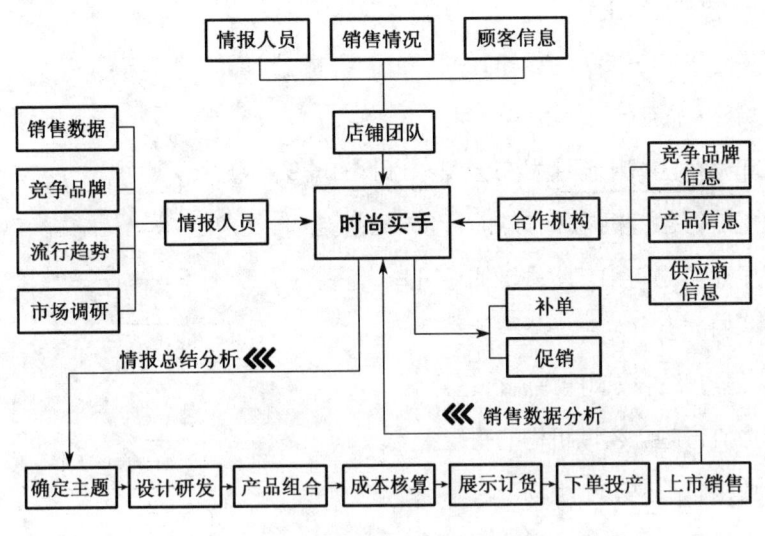

图 3-5　买手模式下新产品开发流程

市场调研包括以下内容：

- 竞争对手调查分析（业绩、形象、价格）

目标消费群新的动向分析（对于新投放市场品牌即为市场定位调查），业内外有关信息，宏观经济背景，社会政治背景，产业内动态。

以上为产品开发的背景资料，产品开发人员需要随时收集整理。

- 竞争品牌分析

产品信息（价格、门类、款式、颜色、图案、面辅料）。

陈列信息（上货波段、陈列方式、橱窗陈列、服装/色彩搭配、陈列数量）。

顾客信息（消费心理/习惯、忠诚度、客户培养维护管理）。

- 资料数据分析

去年或上一季销售数据分析。

公司高层制定的今年或下一季的销售计划。

根据以上两组数据得出的下一季的产品开发的各种数据。

总共开发的款式数量。

各种比例。

上市的时间安排。

- 流行趋势分析

大的流行趋势背景。

新一季的流行主题。

新主题下的主要流行要素：颜色、面料、廓型、细节。

- 新一季流行时尚的来源

每年两季四城市服装发布会（2、3月和8、9月）。

权威流行咨询机构所作的流行分析和预告。

娱乐业新动向和艺术领域的新风尚。

街头时尚。

- 通过多种渠道搜集流行趋势

专业流行趋势咨询机构的有偿服务。

专业杂志/刊物/出版物。

网上信息。

其他相关行业：娱乐业、零售百货业、美容化妆品业。

3.2.3　买手模式下的服装产品开发方法

（1）应用买手模式调研与定位

这部分主要包括了竞争品牌及其参照品牌的调研、消费群的调研和品牌定位的分析，它是新产品开发顺利完成的前提和保证。买手模式调研与定位指对与本品牌产品线相关的销售数据进行收集、统计、分析，并把结果与开发人员沟通的过程。

竞争品牌及其参照品牌的市场调研是指极富时尚嗅觉的买手去收集参照品牌或主要竞争对手的信息。这些信息不单单是当季流行服装，而且还包括了消费者、橱窗、产品陈列、单价、营销战略、新设备等方面。收集当季流行信息并购买样品，迅速集中返回总部做"逆向工程"；消费者调研分析做出对本品牌的市场确切的定位后再来做详细的产品线计划；单价的调研有助产品研发成本的控制，对面料、图案、工艺做出定向的抉择；橱窗陈列、营销战略等方面能保证后续的良好销售环境。调研在整个系统中扮演着双重角色。其一，它是市场情报反馈过程的一部分，向决策者提供当前营销信息和进行必要变革的线索；其次，它是探索新的市场机会的基本工具。

服装企业通过对竞争品牌与参照品牌的调研,如图3-6所示,在服装新产品开发设计这环节,对于买手而言尤其重要,市场细分研究把握市场状况,并根据企业自身及市场环境选择合适的目标市场,最后选择出合理的参照品牌,将其设计采购并加以研究。目标市场设定的准确性和参照品牌合理性与否关系到产品开发整体工作的成败。目前常用的设定目标市场的方法很多,以产品时尚度和价位等属性来标注品牌市场定位的方法是其中之一,它可以清晰直接地反映出自己和周围品牌在市场中的相互位置。

市场调研及其定位目的是为了更好找到服装新产品开发的准确的方向,把握品牌服装的流行高度、特色、优势,结合服装生命周期本身的发展规律和本品牌的自身情况,制定 A\B\C 类款的款式比值、主题、色彩等详细服装产品线计划。

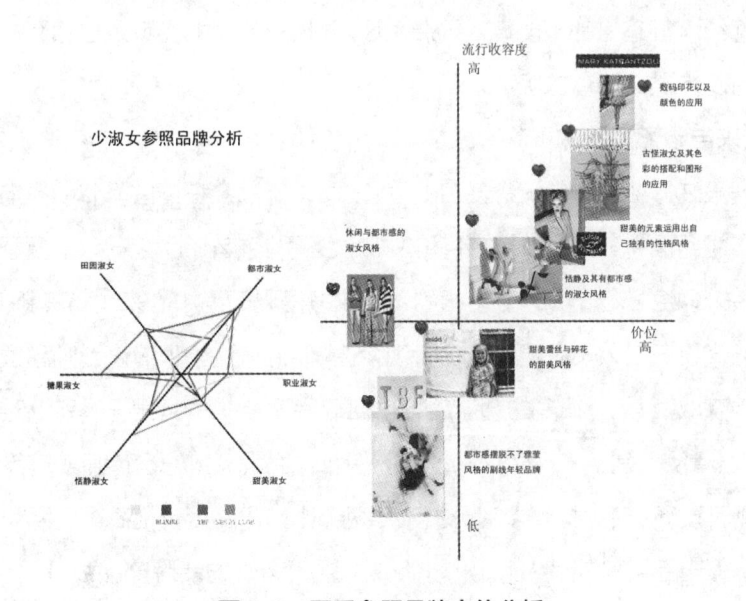

图3-6 买手参照品牌定位分析

(2)应用买手模式搜集流行趋势

新的流行趋势会对下一季的服装设计风格产生直接影响。因此,现代服装企业在进行新产品开发之前要尽可能地收集未来的流行信息和情报,如图3-7所示。流行信息获取的途径有很多种,主要有各类的流行趋势资讯机构、高档品牌的服装发布会、权威的时尚杂志、时事通讯以及网站等。

图 3-7　来自参照品牌的灵感

任何的流行趋势都不能盲目抄袭跟风，要根据自己的品牌定位和目标消费群的定位对趋势做选择性的吸取。

① 来自参照品牌的灵感

根据服装行业的传统，高档品牌服装公司每年都会在销售季节前提前 6 个月左右发布时尚信息，一般是 2、3 月份发布秋冬季服装，9 月份发布春夏季服装。这些服装公司会在巴黎、米兰、纽约、伦敦等世界时尚中心来发布其新款服装，买手式的产品研发人员就混在 T 台旁观众中，他们从这些顶级设计师和顶级品牌的设计中获取灵感。很多的潮流趋势来自时尚金字塔的顶层——高级时装和高级成衣，然后从上往下流行延伸和发展。因此，绝大多数的设计师或产品开发人员在每季开发新产品时，都会密切关注一两个比自己品牌价格高一到两个层次的同类或类似产品线的品牌。如果你仿效了过于高端的品牌产品线，也会产生许多的问题。首先，高定位服饰的生产成本、工艺、技术都太过高端，自身品牌根本无法参照模仿；其次，参照品牌设计过于前卫，若开发类似款式，则会导致本身品牌定位消费群无法接受。

举例说明，某国际一线设计师品牌作为某企业品牌的参考品牌，第一步，分析参照品牌的廓形，再去各种 T 台中验证，这样的廓形是否频繁出现，或者这样的组合是否沿承了品牌原有的风格，若是，则可以放心使用，如图 3-8 所示。

图 3-8　对于参考品牌的廓型分析

第二步，逐个分析适合自己品牌风格的服装，剖析其款式的局部设计，例如领子、袖子、下摆等，加以提取，融合本品牌的风格元素，进行服装新产品开发。

第三步，分析参照品牌面料使用和组合搭配。查询下一季服装发布会中参照品牌的面料使用元素，并根据自身买手店铺的定位和设计风格进行选择和沿承使用。

第四步，对参照品牌款式的设计细节分析与运用。如图 3-9 所示，Stephane Rolland 这一款式设计细节在领子、袖子、腰部等部位汲取了诸多建筑元素。这一细节设计在当季其他 T 台中是否也有很多使用，如果这样的细节处理多处出现，或者它们沿承了品牌原有的风格；则买手在新产品开发中可以应用类似设计。

图 3-9　对参照品牌的设计细节分析

第五步，分析参照品牌的配饰和装饰设计。通过对参照品牌的新品设计中的装饰和配饰设计分析，再去其他T台中验证，得出该种设计是否频繁出现，是否会在未来市场中流行，或者是否沿承了品牌原有的风格，依次来决定是否在买手开发中使用该种设计。

第六步，首先就是要对此品牌有一个整体把握，包括色彩、造型、风格、元素等方面，使买手组货成为统一的一体，同时剖析参照品牌灵感来源，提取更多的与自身品牌相符的元素，将买手式的"拿来主义"的痕迹抹去，最高境界是掌握并提取它的文化和思想精髓，将参照品牌的品牌文化升华植入到自身品牌中，重新赋予原有产品新的文化理念。

② 流行趋势预测/发布机构

每年世界上一些优秀杰出的流行预测机构都会发布各种的流行相关信息。其中，比较大的流行预测机构有"Promostyle"、"D3 Doneger"和"STYLESIGHT"，如图3-10所示。

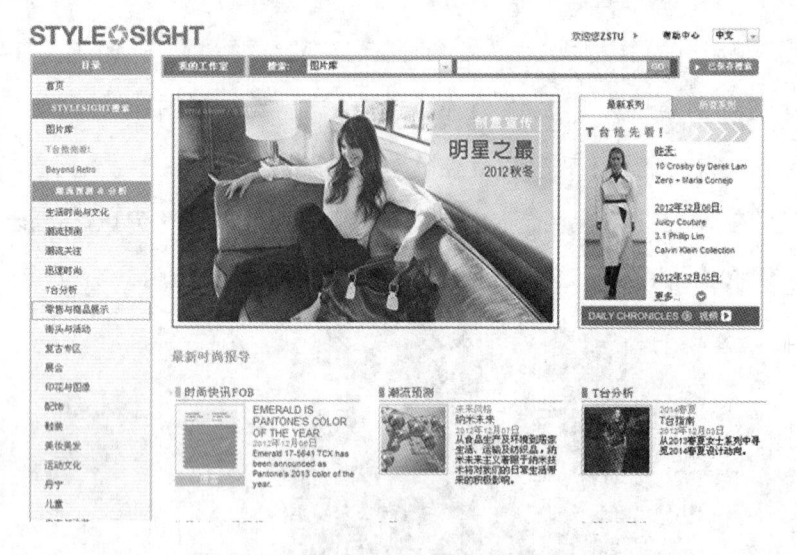

图3-10 STYLESIGHT流行信息咨询网

这些时尚设计公司会提供许多关于即将要到来的季节将会流行的款式、面料和颜色等主题的书册。通过购买这些信息和资料，能够帮助更精准地掌握时尚流行的方向。近几年出现的网络在线流行资讯机构发展非常迅速，目前世界上最大的在线流行预测服务商WGSN，如图3-11，拥有上千家客户，其中不乏像Wal-Mart和Adidas之类的重量级企业。

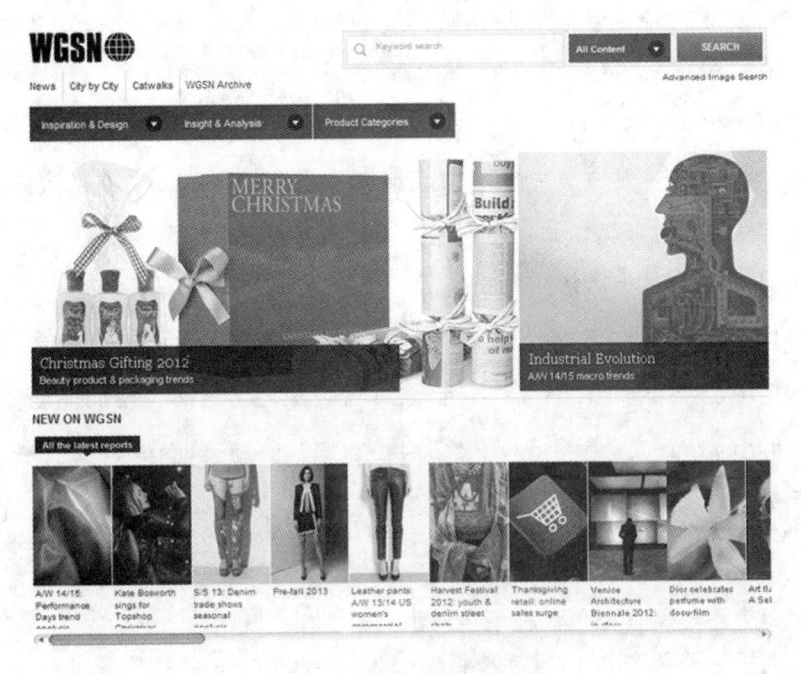

图 3-11　WGSN 时尚咨询网

通常，流行色彩预测机构会提前 18 个月，根据商业用途（女装、男装、童装）预测下一季流行的颜色。其中总部设在国际时尚中心——美国纽约的 Color Box、Huepoint、Design Intelligence、Pantone 等数家流行色预测机构都会提前一年推出色彩方案，在业内具有权威的地位，如图 3-12 所示。设计师们通常会购买两到三家机构的流行预测信息，来寻求这几家预测机构信息之间的共同点和符合其市场特征的有用资料。

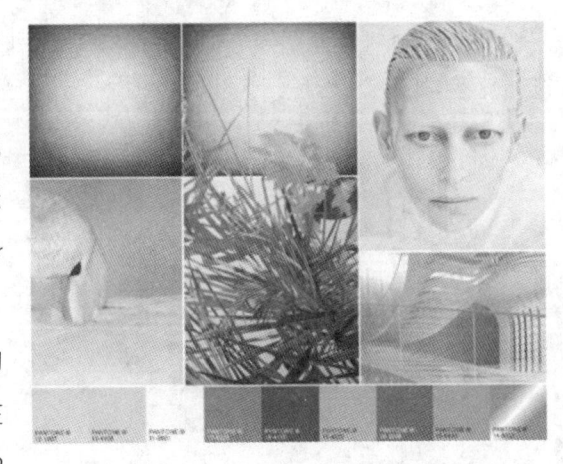

图 3-12　Pantone 公司推出的色彩流行预测

此外，其他国际上较权威的流行趋势发布机构有：Cotton Inc、Expofil、Premiere Vision、Tencel、Textile View、Color、Association of U.S.、WWD Buyer's Guide、MR Magazine（Menswear & Boy's）、Sportstyle Magazine、National Retail Federation 等。

参考权威的服装专业期刊如：WWD，VOGUE，New York Times，Sportstyle Magazine，DNR等。

专业的咨询固然重要，但设计者在开发产品时，必须对所获的信息进行有效梳理与分析，结合品牌特点与企业文化，筛选出实际有效的流行元素导入设计，切忌盲目追求，照搬应用。

③ **买手模式的供应链**

面料既掌控时尚又跟随时尚。全世界最顶级的面料产地为欧洲，世界顶级的面料展有：Premier Vision（Paris），Interstoff（Frankfurt，Germany），Idea Como（Como，Italy），International Fashion and Fabric Exhibition（IFFE美国纽约面料展）等。

另外，一些时尚设计公司提供专门的流行素材，他们的设计人员会从各种各样的艺术中获得启发，并设计绘制出创新的图样，然后将这些图样卖给设计师、产品开发人员或零售机构。如总部在美国纽约的 Printsourse 公司虽然只提供印花图案方面的预测与设计，但其专业性和前瞻性受到业界的肯定，Ralph Lauren，Calvin Klein 等高级成衣品牌都是它的客户。因此，在新服装开发前期买手需要知道采购离不开展会，准确知道各种展会时间，才能采购到最适合的面料、配饰、服装，如图3-13所示。

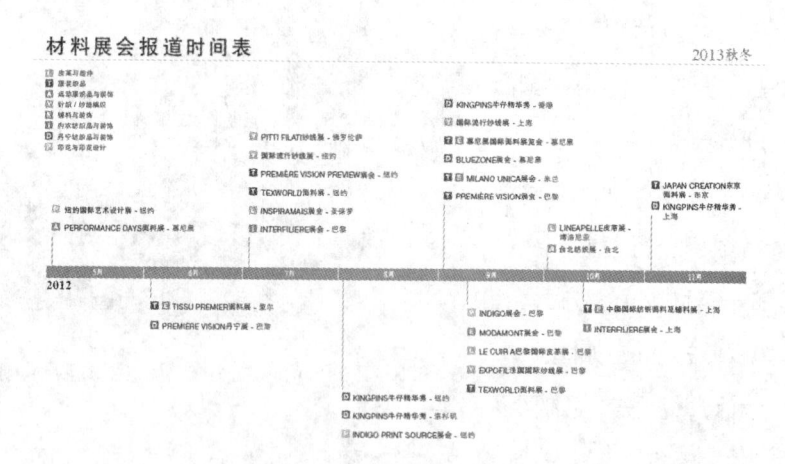

图3-13 各展会时间安排

④ **其他方式**

a. 研究过去的产品销售情况

延续性是时尚流行的重要特点之一。流行元素的更替不会嘎然而止，也不会无由而生，它往往是在循序渐进中不断推陈出新的。因此，研究过去的产品销售情况，搜集与整理分析销售中产品畅销和滞销的原因，以及流行元素对其的影响，对下一季的产品开发有着重要的参考作用。

b. 关注国际服装新兴力量

时尚新兴力量的来源一般是来自国际著名服装院校的学生、国际艺术节中崭露头角的新设计师或是时尚大奖的得主。时尚是不断变化的，这些新兴力量很有可能会映射在国际服装发布会上成为流行。这些院校、新设计师都与明星、潮人、媒体、博物馆时尚界的名人有着密切的关联，如图 3-14 所示。

图 3-14　时尚新兴力量

c. 关注时尚科技信息

科技的进步对时尚潮流的影响一直存在。从营销推广手段到面料材质，都是服装买手时刻需要关注的。时尚产业发展到今天，已经逐渐创造了一个科学与艺术融为一体的全新世界，它秉承了人类对生命和自然界的无尽探索，融合着对人类文明和自然神秘的崇拜与模仿。基于此，设计师们不断追求着创新技术和服装产品的结合，如图 3-15 所示。

d. 参观服装相关博物馆

服装与艺术的生活密不可分，服装造型师通过将服装造型艺术形式与其他艺术形式融合不断创造出符合时代、符合艺术规律的新的艺术形式。例如建筑的艺术风格可以导致服装外轮廓的明显改变；绘画作品也能直接影响服装的色彩和纹饰的搭配；音乐的流行趋势还可能引起服装风格的大幅度变化。这些在服装发展过程中都是极为常见的。由此可见服装作为一门艺术形式，不是孤立的存

图 3-15　时尚科技信息

在的,而是通过与其他艺术的交流不断变换出新风格和新风貌。因此买手需要穿梭在相关艺术活动中。

艺术博物馆是一个特殊的视觉文化的展示场所,已经成为当代服装发展变化的一个重要组成部分,当今时尚工作者都喜欢在博物馆中找到灵感。例如忠实的"立体主义者"荷兰女设计师 Iris van Herpen,获得了高级定制服装界的认可。2012 年,荷兰格罗宁根（Groninger）博物馆举办了一场 Iris van Herpen 服装艺术展,这位艺术家将时尚和艺术进行了不可思议的结合,对未来的时尚流行产生了巨大的影响,如图 3-16 所示。

图 3-16　博物馆 Iris van Herpen 服装艺术展

e. 关注时尚艺术节活动

艺术节是某一特定时间举办的文化艺术活动的统称。内容包括音乐、戏剧、戏曲、舞蹈、杂技综合艺术晚会等的文艺演出;各种美术展览、艺术品博览会及拍卖会；电影、电视、服装、茶艺、图书等专项文化活动、各种艺术交流活动和学术活动等等。如图3-17，通过专门的网页以及趋势杂志，掌握各种艺术节活动时间。国际艺术节在时尚的领域中是具有代表性、国际性、推动性的活动，同时能接触到各界的时尚潮人、媒体，这样更能了解时尚最新动态及其去向。

图 3-17 Pace 网页上所列的艺术展览列表

f. 流行杂志

流行杂志往往搜集了当代比较流行的元素和最新时尚商业报道，可以帮助买手对时尚有更好的把握。如图3-18所示，不同的杂志针对的人群也不同，买手要有选择地去看。

图 3-18 各类流行杂志

(3) 计划与开发设计及其要点

流行是服装产品更新换代的动力,产品是流行的载体。新产品开发中的"新",表现为在原有设计上注入新的流行元素。比如一件上市销售过的产品可以通过更换新的流行色、面料等设计元素赋予它新的价值。由此可见,新产品开发过程也是产品增值的过程,而设计与开发正是这个增值行为的集中体现。

① 产品线计划

产品线计划(Product Line Plan)是在公司发展战略和品牌市场定位基础上制定的一系列产品开发规划,它以产品线为对象,对包括资金、产量以及上市时间等内容进行计划。如图 3-19 所示,我们可看出,计划中对产品的成本、尺码配比、组合搭配以及上市波段等方面都做了必要的设定,这些都有助于提高新产品开发的客观性和准确性。

2010 春夏 XX 品牌服装产品线计划表

波段	A			B			C			D		
日期	1/22-2/21(4周)			2/22-3/30(5周)			3/31-5/7(7周)			5/8-6/5(四周)		
说明	春节时间为2月13日,此货上货,主要针对春节市场。特点:春天的颜色,冬天的搭配			春季商品的正式上市,品牌颜色的亮相。所有春季商品门类一次上齐,特别是主打款式			春季的主要销售时段。有五一黄金周假期。五一之前夏季商品开始上市。春季商品被柜促和打折。			夏季商品的最后一波,然后进入销售外消、滞销		
品种	款式数量	价格区间	A期要求	款式数量	价格区间	B期要求	款式数量	价格区间	C期要求	款式数量	价格区间	
裤子	4	500-900	1 七分\2 小脚裤\2 直筒\1 宽管	4	500-900	1 靴裤\1 小脚裤\1 直筒\1 小喇叭	4	500-900	2 萝卜裤\1 直筒\1 宽管	2	500-900	
针织上衣(圆机T 类)	6	300-800	宽松外衣 3 款/内搭 3 款	6	300-800	针织开衫 3,T 恤类	6	300-800	短袖 T 恤	4	300-800	
毛衣(横机类)	4	800-1200	开衫 3 款	3	800-1200	棉麻纱线、松密度(如欧菲欧)中袖、七分	3	800-1200	棉麻独特的(如欧菲欧)、短袖、无袖、吊带	2	800-1200	
风衣	4	1500-2900	2 中长\2 短	2	1500-2900	薄面料、无里布、浅色、亮色	-	1500-2900		-	1500-2900	
早上衣(短外套及西装)	4	1000-2000	初春主要单品短外套 2、休闲西装 2	3	1000-2000	短袖短款、无里布、浅色、和连衣裙搭配	2	1000-2000	短袖、薄、软、透气面料	2	1000-2000	
连衣裙	6	900-1800	面料多样化(针织、薄呢、皮等)	8	900-1800	多种面料、多种花色、体现独特的花板和工艺	5	900-1800		2	900-1800	
单褂	2	600-1200	与风衣开衫搭配"工作时"系列	4	600-1200	时尚款、在途中和咖啡时刻系列各 2 款长袖、中袖基本款 2、时尚款 2、多种面料、多种花色、体现独特的花板和工艺	3	600-1200	在途中和咖啡时刻系列	2	600-1200	
衬衣(丝绸及棉棉类)	5	600-1200	工作时 1 款、在途中 2 款,咖啡时刻 2 款	6	600-1200		3	600-1200	中袖、短袖、抹胸	2	600-1200	
梭织背心	2	300-600	时尚款、搭配用	2	300-600	时尚款、搭配用	1	300-600	面料薄款、浅色,具有较强的搭配性	2	300-600	
围巾	4	300-600	亮色搭配用	2	300-600	面料薄款、浅色,面料拼接,和蕾丝搭配使用,具有较强的搭配性	-	300-600		-	300-600	
总计	41			40			27			14		

图 3-19 服装企业产品线计划

产品组合(Product Mix)是指一个企业生产经营的全部产品线、产品项目的组合方式。定义中的产品线是指具有相同的使用功能,但规格、型号不同的一组类似产品项目;产品项目是指产品线中按规格、外形、价格等区分的具体产品。

服装产品组合包含的因素:

a. 产品线

产品线是指在服装产品开发中具有密切关系的一组产品单品,如同在某一个主题下开发的单品、或同属于一个价格幅度的单品。

b. 服装单品

服装单品是指由外观、价格及其他属性来区别的具体服装产品。

c. 产品组合的宽度

产品组合宽度又称为产品组合的广度，是指一个品牌所拥有的产品线的多少。产品线越多，说明产品组合的宽度越广。

d. 产品组合的深度

产品组合的深度是指服装产品大类中不同花色、品种、规格的单品总量。

e. 产品组合厚度

产品组合厚度是指一个品牌的服装产品组合中所包含单品的总数。

f. 产品的关联度

产品的关联度是指品牌各产品线之间在定位细分、生产条件、搭配陈列等方面的相互关联的程度。关联度越高，品牌的统一感越强。

产品组合是产品线计划中的核心，合理的安排产品组合是买手必须具备的专业素质，其意义对服装新产品开发是非同凡响的，可以说如果合理安排，对企业产生深远的影响有：

有利于整体地分析服装新产品的结构，根据市场需求和竞争状况来设定产品组合的模型，从而能够充分发挥企业的优势和特长，使企业的设备、技术、人力等资源得到充分发挥，扩大企业的经营范围，提高销售额和经济效益。有利于综合分析服装企业的优劣势，合理避免经营风险，实行多样化经营。有利于提高产品的关联度，可增强品牌的形象和市场地位，充分利用企业的技术、生产和销售资源。

② 确定风格与主题

服装设计的理念与风格定位是服装产品开发的中心环节，每一个新款都是设计师对设计理念与风格的具体认识与表现。主题是在品牌设计风格基础上，结合流行趋势制定出的新产品开发的主旨。一个主题的设定不仅决定了对后续面料、色彩、款式和细节等元素取舍的原则，而且也决定了服装品牌最终以怎样的形象在零售店中直面消费者。

流行主题有多种表达风格，如图 3-20 所示，2013 年春夏流行的"奇妙实验室"的主题，有三种截然不同的感觉，右下方是针对市场定位及其消费者定位所做的"奇妙实验室"的主题，主题表达科学是神秘的，与时尚的结合更为其增添了魅力，面料和饰边理念的颠覆，让人感受到生化景观带来的丰富视觉冲击以及全新品味设计灵感带来的激动与兴奋。同一个品牌的设计风格只有一个，但它的产品开发主题根据流行趋势的主题可以有多个。买手确定主题风格时，便于更加准确地采购适合的样衣以便设计参考。这样的主题确定后，买手即在主题的框架下对面料、款式、颜色和细节等元素进行取舍。

图3-20 2013年春夏"奇妙实验室"主题

③ 色彩

色彩是某个时期人们心理情感的反射，同时又是人类不可或缺的视觉刺激，心理变化产生了流行色，也成为商业竞争的重要手段。流行色在商业环境中的运用不单要满足人们的审美心，同时可以利用环境的色彩因素强调时代意识及其自身的特性，它能创造出某种思想，还要满足人们对视觉需求不断发展来更新人们的消费观念，达到扩充市场情感，或陶冶人们的情操，或激起情感的变化，顺应时代的需求。买手模式下的产品开发最大的优势就在于买手能准确把握市场流行趋势的方向，根据原先定好的主题之一"奇妙实验室"，通过各种渠道将主题总结出应用的色彩，如图3-21所示。

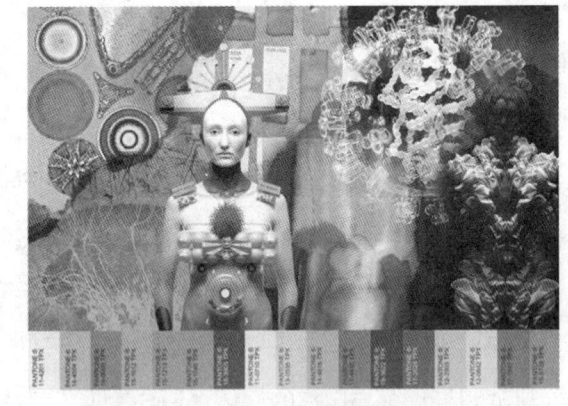

图3-21 "奇妙实验室"色彩主题

当然各个色彩主题中分时尚色、核心色、突出色。在新服装产品开发的过程中，这三者的比例是需要通过买手来协调分配，同时针对趋势分析进行色彩的组合，将其形成主题和系列。对于服装新产品开发来说，颜色是至关重要的，对于颜色的把握不仅仅局限于这三者比例关系，而且涉及整盘货物的色彩调和，色彩对面料的选择表达方式及其肌理与色彩搭配等方面。

时尚色,也称"时髦色",是指某个时期内人们的自身处于有意或无意的状态下,对社会环境、生活经历等突然产生的一种对颜色的心理共鸣,结果迅速在这一时期流行于世界。这样的时尚色是来也匆匆去也匆匆,但就因为短期而深刻的记忆产生了巨大的影响。人对色彩的感受、记忆,往往抓住了人们的突然在这一时期里潜意识中对某几种色彩产生莫名共同美感的心理反映。它是新服装产品开发的强劲动力,但存在的风险较高,易过时,接受面不广泛。

买手懂得时尚色的特性,利用对消费者、市场了解的优势及其对流行色有效的分析和调研,懂得如何引导消费、促进消费,准确地做出市场定位,选择合适的时尚色针对目标消费群,且这些消费群一般属于敏锐型和敏感型。

核心色,也称"主打色",是指在某个时期内,完美搭配时尚色,一般是和谐、美妙、色度较低的且接受面广、迎合求同的基础心理,让人情绪平静。

买手利用核心色的色彩,以简洁、明快、醒目、亮丽的方式将核心色流行色不断更新、变化,将面料中的肌理的物理机械感与美妙的色彩化学感结合,与时尚色相互呼应。

突出色,也称"点缀色",是指在某个时期内,对整体色调起到画龙点睛的作用,点缀衬托时尚色、核心色的同时,亦能在其中成为光彩夺目的色彩。

买手一般利用突出色来提升整个店铺的形象,为本季色调平添活力,使各色调处于平衡、和谐,达到最大诱人值。

买手可以通过流行预测机构与自己的经验相结合判断,颜色的流行一般能较早预测。例如现在就能预测 2013/2014 秋冬流行色,粉彩色将继续在 2013/2014 冬季流行,牛仔装、连衣裙、女式衬衫和印花运动服都将纷纷运用飘渺的粉彩色云纹染色出彩,如图 3-22 所示,将这些漂白的粉笔色色调与灰色或蓝色形成撞色,使其更适合冬季的风格,然而这样的色调并不是大众消费者所全部能接受的。因此,并不是流行的颜色都适合自己的品牌,这点很多服装企业茫然不知,这就是缺少买手的一个极大的缺点和致命伤。企业盲目地追逐所谓的流行,却忘记了对于这个流行色,它的消费群是否能接受。

对于面料颜色的选择,如何突出色彩惊艳和面料的质感,搭配和选择与其他色系相互协调亦是一门很重要的学问。例如 2013/2014 秋冬的时尚色之一水鸭绿可中和亮丽的粉色,如图 3-23 所示,并能与本季天鹅绒和长毛灯芯绒等具有奢华触感的面料完美搭配。可尝试将水鸭绿与本季的灰色组成核心色搭配。

图 3-22　2013/2014 流行趋势中的云纹染色

图 3-23　2013/2014 流行趋势中的水鸭绿

如何使三类色相互呼应，这也是其中的奥秘之一。突出色，如图 3-24，金属色将在 2013/2014 秋冬流行，并以各种面貌出彩，最引人注目的当属灰蓝色、炮筒色、古铜色和古金色等较暗的色调，这些色彩与黑色、灰色和卡其色低光泽亮片与纱线形成混搭，亮金色在衬托了其他颜色诱人的同时，其本身突出无疑。

图 3-24　2013/2014 流行趋势中的金色

④ 面料

由于服装新产品的开发流程越来越完善和先进，而服装没有版权之分，只有品牌 logo 版权之分。这样的情况下，只能利用品牌的影响力和面料的难"山寨"难寻找区分，以此得到较高的附加值。因此，大多数中高档女装等级以上的品牌都走面料全球化的产业链分工，买手最善于采购，因此拥有大量面料供应商资源。

服装新产品开发需具有良好的采购基础而买手懂得如何选择面料。不同的面料有不同的外观特征，有不同的色彩、图案、光泽、表面肌理、质地、观感等，给人以不同的感觉，可形成各种不同的服装风格。例如多粒平纹面料，如图3-25 所示，继明亮的色彩和图案之后，全新的面料触感成为推动牛仔趋势的新元素，目前针织衫和平纹织物以及在零售中应用的竹节表面处理工艺，也开始将纯真的多粒面料风格用于牛仔中，色彩或撞色毛粒为牛仔打造出一种真正的粗花呢般的效果。

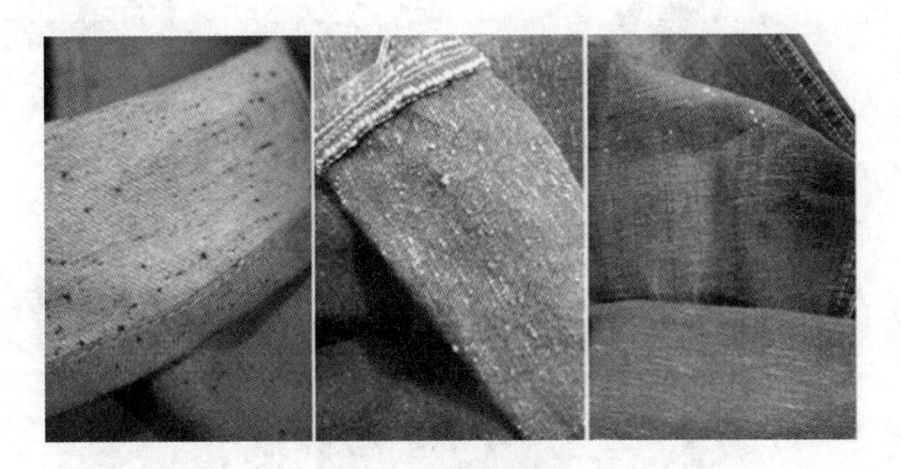

图 3-25　多粒平纹面料

面料在现代服装中起着重要的作用。很多有特色、有个性、有韵味、有时代特征的服装面料，可满足不同层次、不同对象、不同环境、不同气候条件下人们的穿着需要。例如奢华触感的面料处理工艺不仅用于毛绒织物，如图3-26所示，而且还应用到牛仔和所属面料的磨毛和柔软的抓绒表面处理上。这些表面处理工艺不仅为牛仔产品带来了新意，更令彩色牛仔呈现出全新的效果。

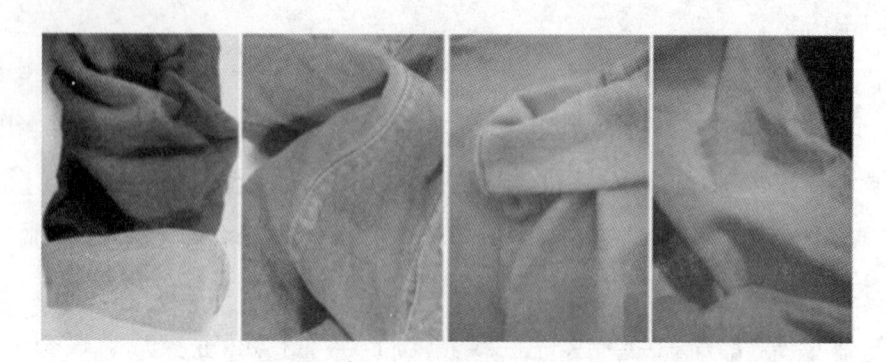

图 3-26　牛仔产品的表面处理工艺

同时我们致力于服装面料的图案设计、色彩设计、组织规格的配置、纱线的运用、后整理工艺的创新，开发多样化、个性化、舒适化、时代化的服装面料。拿印花效果对于面料来说，也有很多不同的手法：刺绣、挑花和手编纹理。例如挂毯艺术成为女装市场的新兴面料和细节趋势，如图3-27所示，使用厚重的提花面料和点缀装饰带有复古和文艺复兴风格的花卉针尖设计，不同的表现手法有着不同的感觉，买手要主抓本身品牌定位和消费人群的定位来选择合适的表现手法。

图 3-27　挂毯艺术面料

⑤ 款式

专业的买手要清楚知道市场信息，什么样的款式能在明年还能继续流行，要有前瞻性的认识。例如茧形大衣在继2012年获得成功之后，今年的体积和图案愈发夸张，进而成为冬季最新潮款式，如图3-28所示，新式茧形大衣无论是结构、色彩还是图案较之过去都更为夸张。毡羊毛及纹理分明的厚斜纹使得衣物具有建筑物般的挺括质感，使用铅笔裙或窄腿裤来搭配这一夸张的圆面造型，凸显修长的腿部线条。

买手还需要注意在经典款式中寻求变化，例如针织衫可以是一款经典单品，如图3-29所示，而不仅仅是基本款，从穿着方式而言，可将整个衣领卷起，或将衣领竖起，遮住脸庞，可以有经典针法被松散的装饰针法和梯缝针法所打乱，反面由图案、嵌花和手织条纹用看似未完工的线头进行装饰，高端品牌可以从推销高品质羊毛的角度成为万年经典款单品。

图3-28 新式茧形大衣廓形

图3-29 针织衫的设计及搭配

⑥ 样品试制与投产

买手会将样衣图片和改动形成的产品构思绘制成服装款式图放在一起与设计师和版师加以沟通，如图3-30所示，服装款式图中包括服装款式的造型风格，工艺要求和规格参数。这时的产品还停留在平面构想的阶段，只有通过真材实料的缝制过程——样衣制作，才能形成真正的产品视觉效果。样品通过试制并写出相应的试验报告，包括造型效果是否达到设计要求。

新款式试制完成后，由技术部门组织对新产品的造型效果、技术性能进行全面评价和鉴定。样品的鉴定内容包括三个方面：第一，设计资料是否完整，样品是否符合技术规定；第二，检查加工质量、服装面料是否恰当，工时记录是否准确完整；第三，对服装样品的效果、结构、工艺性和经济性做出评价和结论。此外，销售部门对该样品与市场竞争产品进行比较，对样品提出改进意见。在此基础上，填写样品鉴定证书，提出能否投产或需要转入小批量试生产的建议。

图 3-30　样衣制作所需的服装款式图

需要提醒的是：单件加工的生产条件往往和流水线上的生产条件有所不同。因此，小批量试生产的目的在于考验工艺规程和工艺装备，对于服装产品的工艺性进一步做出审查，通过试产试销，为大批量生产创造条件。例如，有一家服装厂，在初期的样品阶段，造型效果非常好，但在批量生产时却出现了问题。经过反复查实，才发现是因为批量生产时，采用的蒸汽熨烫使某些部位造成热缩所致。小批量试制的产品在以下几个方面得到肯定后，才能正式转入大批量生产。

- 确认产品具有良好的技术性能和经济效益；
- 企业能够保证必要的生产能力，包括人、财、物和时间；
- 服装面辅料、燃料、动力及外部协助的供应确实可靠；
- 市场销售的预期良好。

⑦ **定价与上市**

定价和上市是产品开发流程的收官环节，也是前期计划的最终体现。定价时不仅考虑成衣成本和市场竞争因素，更要核定产品的利润指标。它们在流程前期的资金计划中都已有设定，新产品上市时所需的门类组合、尺码分配等也在前期的产量计划中有所体现。通常一个品牌可以通过产品订货会上订单数量来确定投产量，但对于那些以直营为主或不召开订货会的品牌来讲，则要根据上一季销售数据来计划未来产量。

在现代企业的产品开发流程中生产环节的比重有所降低,甚至有的被虚拟化,但它仍是确保产品按计划上市的最后保障。新产品如期上市后,市场销售人员将接手下一步的销售工作,如制定销售策略、促销策略、专卖店视觉陈列方法等。至此,一轮新产品开发流程结束。

⑧ 延续新产品开发

上一季出现的畅销款,可以在下一季进行延续的产品开发,将其畅销元素保留或稍加改进。同时,根据季节时令的不同进行款式的变化,如长短袖、不同领型变化等。波浪下摆上衣,如图3-31所示,左图是春季中的畅销款,其后的图是秋冬季不同月份对其延续新产品的开发,利用的手法为换面料、变花纹、改长短等。当然,还可以采用不同设计风格来进行延续。

图3-31 波浪下摆上衣的新产品开发

在新产品开发过程中运用延续的方法既可以保证新开发的产品在市场上的认可度,同时又可以保持产品持续的开发风格,使品牌文化得以延续,是当前常用的开发手段之一。当然,过多的延续产品开发会导致新产品整体缺乏新意和变化,因此该方法在使用时要掌握好比例。

a. 新产品延伸的不同方向

任何一个企业都有其特定的市场定位,产品延伸战略是指企业在特定的产品线内部、全部或者部分地改变公司原有产品的市场定位,主要有向上延伸、向下延伸和双向延伸。

向下延伸:是指企业原来生产高档产品,后来决定增加低档产品。在企业原有的高档产品的销售增长缓慢、企业的高档产品激烈竞争时,可以采用这种策略。

向上延伸:是指原来生产低档产品,后来决定增加高档产品。在高档产品市场需求大、销售增长快、利润率较高,高档产品市场上的竞争者比较弱,同时企业又想生产较多种类时,可以采用这种策略。

双向延伸：指原来定位为中档产品市场的企业，在控制了中档产品的市场后，决定向产品大类的上下两个方向延伸，扩大产品的市场阵地。

b. 新产品延伸的优点

任何企业的经营目的都是逐利的。因此，服装企业利用原有的各类资源，通过扩大产品线的规模来增加营业额和利润空间也是不错的方法。服装的新产品延伸对企业来讲，通常具有以下优势。

- 利用已经成功的品牌的声誉和开发资源；
- 满足更多消费者的需求，扩大新产品受众面；
- 迎合消费者求新求变的心理；
- 减少企业开发新产品的风险；
- 适应不同层次价格的需求。

c. 新产品延伸也存在风险

任何事物都有正反两面，新产品延伸运用不当也会给企业带来负面影响，主要表现在：

- 企业资本投入增加，运营风险加大；
- 造成原有品牌形象模糊，降低品牌忠诚度；
- 产品的不同项目难以区分；
- 引起成本增加。

d. 新产品开发失败的原因

对于已经在市场上获得认可的产品，对其进行新产品开发是有一定保证的。但是很多企业在没有获得原有产品的市场认可的前提下，就盲目进行下一轮的新产品延伸开发，往往会导致新产品开发的失败。主要原因如下：

- 市场分析失误，没有选准目标市场；
- 产品本身的缺陷；
- 成本太高；
- 竞争对手的抗衡；
- 营销组合策略选择和运用不当。

因此，把握好延伸的度至关重要，企业经营应当及时关注产品利润率的情况，集中生产利润较高的产品，削减那些利润低或者亏损的品种。当需求紧缩时，缩短产品线；当需求旺盛时，延伸产品大类。

3.3 买手模式开发案例及其应用策略分析

3.3.1 买手式产品开发案例

（1）Zara 案例

西班牙品牌 Zara 在大多数国家的销售都是一直保持前列，他们推出新产品的速度非常快，Zara 每年推出 12 000 多种产品给顾客，运作一流的服装企业平均只能推出 3 000 到 4 000 款，而国内多数服装企业能推出上千款的寥寥无几；从设计理念到上架 Zara 最快只需 10~15 天，而大多数服装企业需要 6~9 个月甚至更长时间。如此高效多新品的品牌在服装品牌竞争中立于不败之地的法宝是什么呢？Zara 在全球各地都有极富时尚嗅觉的买手，他们购买当区各高档品牌或主要竞争对手的当季流行产品，并把样品迅速集中返回总部做"逆向工程"。

Zara 有专人搜集服装展示会、交易会、咖啡馆、餐厅、酒吧、舞厅、街头人、时尚杂志、影视明星、大学校园等地方及场所展示的流行元素和服装细节。例如 2010 年 6 月麦当娜到西班牙巴塞罗那举行演唱会，为期三天的演出还在进行中，就发现台下已经有观众穿着麦当娜在演唱会上穿的衣服，之后西班牙大街上更是迅速掀起了一股麦当娜服装热，而这服装都来自当地 Zara 店铺。Zara 全球各专卖店通过信息系统返回销售和库存信息，供总部分析畅销和滞销产品的款式、花色、尺码等特征，以便完善或设计新款服装时参考。此外，各门店把销售过程中顾客的反馈意见以及他们对款式、面料或花色的想法和建议，甚至是来自光顾 Zara 商店的顾客们身上穿的可模仿的元素等各种信息反馈给 Zara 总部。以上信息被迅速返回总部后，马上会有专业的服装设计师团队分类别、款式及风格进行改版设计，加入一部分独有的西班牙风情元素重新组合成新的产品主题和系列。分类别分为女装、男装和童装，他们分别有一个独立的宽敞的窗明几净的开放空间展示样衣——其中女装约占 58%，男装 22%、童装 20%，因为女人对时尚更敏感、更舍得在这上面花销。

Zara 公司总部有一个 260 人的由设计专家、市场分析专家和买手（负责采购样品、面料、外协和生产计划等）组成的专业团队。如图 3-32 所示，Zara 新产品开发大厅属于敞开式,便于一起共同探讨将来可能流行的服装款式、花色、面料等,以及大致的成本和零售价等问题,并迅速达成共识。然后由设计师快速手工绘出服装的样式,然后进一步讨论修改。接下来设计师在 CAD 上进行细化和完善,保证款式、面料纹路、花色等搭配得更好,并要给出详细的尺寸和相应的技术要求。然后这个团队进一步讨论、确定成本和零售价等问题,决定是否投产,款式设计出来后决定投产比例约 1/4 到 1/3。

图 3-32 Zara 新产品开发大厅

(2)日韩等国多品牌产品开发案例

日本、韩国是亚洲服装产业发展较快的国家,但由于国土面积小,人口少,两国服装企业除了通过品牌输出拓展海外市场外,还采取多品牌战略扩大市场占有率、提高企业竞争力。例如韩国最大服装公司依恋集团旗下就拥有 40 多个品牌,日本恩瓦德公司旗下也有 20 多个品牌。服装公司同时运作多个品牌,可以共享企业资源,分散市场风险,但当一个产品开发团队要同时开发两个或更多品牌的产品时,就需要在产品风格及主题上有清晰的划分。在类别组合、定价以及投产量方面有严谨的计划,因此对流程中计划制定的可操作性和执行过程中的完成度要求更高。此外,由于不同国家和地区的服装消费存在诸多差别,对新产品开发流程前期的市场调研要求也随之提高。

3.3.2 买手模式产品开发应用策略分析

(1)买手善于收集各种市场信息和流行资讯

以买手模式为基础的产品开发在搜集市场信息中通过以下四个方面来完成:

① 通过服装买手来完成新产品样板的收集

在市场操作中建立的服装企业当中可进行新产品样板信息收集的人,一般是同业企业里服装设计人员与设计师,或是其他人员或是买手企业或买手个人在市场操作中建立的代理加盟商或是专业服装企业从业人员。他们为买手定期或不定期地提供各服装业市场中的新产品样板与市场营销方面等的信息,以满足买手的市场操作要求,以保证买手对新产品样板收集的需求。

② 通过服装买手来完成新产品供应渠道的收集

买手在新服装产品开发的另外一个作用是采购同类市场竞争品牌最受欢迎的款式,同时了解面料、辅料等相应的价格信息和采购来源。

③ 通过各地市场收集

买手在操作过程中经常往来各时尚重镇搜集市场前沿信息,这也是买手在进行市场活动中最常做的一件事情。服装买手一般会在高度发达的服装市场收集这些新产品样板,然后经过整理与处理,将这些信息反馈到企业内部,作为新产品开发的参考样本。如法国巴黎、意大利米兰、罗马、美国纽约、日本东京、中国香港、台北等发达城市的主要市场都是买手常常光顾的。

④ 通过合作研发机构收集

买手通过与自己合作的产品研发机构、企业、贴牌加工企业、销售企业或其他个人合作者收集新产品样板信息。

(2) 买手模式新产品开发的优势

① 竞争力强

买手模式或是说买手这一职业的人员素质,本身就决定了这一职业人群具有攻击性,他们像虎狼觅食一样到处寻找着可供下手的新服装,发现有前景就会不惜一切手段把它们拿到,拆版的拆版、拼凑的拼凑、组合的组合,总之一定搞清楚这一新服装产品针对的目标消费群、流行热点、市场前瞻性等。之后他们将新服装产品的廓形、面料、印花、版型、色彩、流行元素、细节等进行开发信息的分类存储,然后针对本品牌的定位与风格再加以改进。通过这些过程,他们就能创造出更时尚的款式、更符合消费者的款式,最后以低于竞争对手市场价的价格出售赢得较高的市场份额。

② 准确性高

以市场为导向的开发,市场性更准确,使之库存减少,周转率提高。要以市场为导向进行研发,就需要买手以最快的时间寻找到适合品牌定位和风格的新服装进行复制与修改,然后推向终端;由终端信息反馈给买手,哪些是畅销款、哪些是滞销款,然后买手做出进一步的调整。买手一般从参考品牌、竞争品牌、展会、时尚流行机构、发布会等那里获得第一手产品研发资料,以节省多半的市场调研工作,可大大缩短产品的开发周期,且推出的服装也符合消费者需求。

③ 成本低

依靠买手直接连接供应商和销售终端,省去了经销商、代理商等中间环节,热风产品还可以在价格上取得优势。

（3）买手模式的问题及改进方案

买手模式的服装新产品开发也并非完美无缺,以下几点是应用中容易出现的问题及其解决方案。

① 从组织结构上

买手模式需要相应的高效率、扁平化组织结构,例如西班牙品牌 ZARA,但不适合中国中庸之道的人际处理方式,这一点老外也为此不解。然而为了高效,这种组织结构不只体现在研发上,也应该体现在市场营运、生产体系与人力行政资源管理上。然而如何去针对中国的特色融入扁平化组织结构的管理,如何利用扁平化的考核制度来弱化弊端是一个值得深入研究的严峻问题。

由于这个是公司的核心环节,导致公司无法让产品开发部独立运营与独立考核。因为没有独立性,就势必造成官僚遍布整个公司,而市场对研发的速度与反应能力都是要求极高的。长此以往,买手模式也将成为一个子虚乌有的空架子,对公司起不到任何的作用。

② 从人才引进培养上

专业研发小组人员对买手模式的要旨理解得不够清楚,有的小组没有明确的研发计划与研发项目市场论证体系。也就是说,好多买手项目小组的研发人员,还不具备专业买手的研发技能,在体制上还存在相应的官僚研发构架,需要进行彻底的体制改革与人员素质技能的提升。这也是因为国内没有引进相关专业性课程所导致的。因此,企业需要引进一批国外或者留洋的先进人才去运作,同时要有人才培养计划,利用他们培养自己新兴人才。

③ 从使用技巧上

常规新服装产品开发建立的产品线不能形成有效的系统化,这对后期买手模式指导下的抄改仿服装的快速反应也是极为不利的。因此在利用买手模式之前，应该完善健全原本的服装新产品开发将其形成有效的系统。

　　一般利用买手模式的都是服装大企业，然而买手的人数缺少，加上经验不够丰富导致了产品线混乱、成本预算的超额、组货不够清楚。这是由于买手分工不够细分，可以按产品线、主题、系列等划分来进行详细工作细分。另外在新服装产品开发的过程中，服装企业对买手的职责和作用等方面有些概念还比较模糊，不利于服装企业很好地应用买手模式来进行新服装产品开发。

　　信息共享化方面存在信息不全、使用不规范问题，反馈信息不准确、不及时。新服装产品开发过程中，需要有明确的共享系统，分清每一级信息的使用权限，这样就能够对信息进行更加详细的分类，以保证时尚信息及其反馈信息在不断更新和交流沟通，以供服装企业后期买手及其开发人员小组用以进行更多更快更准确的产品开发。

　　卖场终端信息与开发建议权的使用在目前国内服装企业运行情况不太理想。虽然现在很多企业都开始利用各种系统，例如 CRM 等，但都忽略了买手模式重大特点，就是让市场中的每一工作岗位参与到产品开发中来，为产品开发提供建议，并提供终端产品开发的企划案。有了很好的硬件设施及其系统，但没有完善的管理系统及其专业的数据分析人员，导致了服装企业还没有形成有效的体系，这样就会使许多适应市场的新产品开发工作失去最好的时机，不利于后期买手模式立体式产品研发系统的建设。

本章小结

- 服装行业是一个时尚产业，其特点就是流行性、时尚性和季节性并重。产品生命周期短，可预见性低。对于企业决策者来说，新产品信息量越丰富，信息内容越缜密、越细致，越能够帮助其进行准确的判断。然而，过去的"粗犷型"产品开发模式下，国内服装企业一般对国内消费市场的调研与预测虽然重视，但缺少科学的分析，很多企业对销售动态、市场变化等信息掌握不足，仅凭感觉决定开发产品的款式、数量和花色，最终导致产品定位偏离消费者实际需求，使产品开发成为一种"赌博"。现代的新产品开发手段需要借助买手模式，较为准确且及时掌握市场需求和潮流变化。不同的企业应该根据自身的定位选择适当的信息交换方案，传递销售数据，跟踪市场动态，以确保新产品开发的及时与准确。

- 近年来，国内服装企业纷纷由原来的产品制造商（OEM）向品牌制造商（OBM）转型，它们利用对外加工中积累的资金和经验，创立了自己的品牌，并开始参与国际和国内竞争，并在国内市场中有不错的表现。这些企业和品牌的成功，得益于它们在与国外客户打交道过程中掌握的先进的新产品开发理念，这些理念经过改良和本土化，逐渐成为了它们的核心竞争力。

- 新产品开发部门无疑是企业的核心部门，它是企业的收入源泉。新产品开发过程就像人体内的造血机能，只有不断地制造出充足的新鲜血液，才能保证人的生命，才能使人青春永驻；企业只有不断地开发出足够的畅销产品，才能令企业生存，令企业在激烈的竞争中立于不败之地。

思考题

服装品牌新产品开发方案

要求以文案形式出现，包含以下内容：

1. 该品牌的市场分析。

包括：定位/客群确认、竞争对手分析、上一年销售分析（模拟）。

2. 流行情报搜集和概念企划。

包括：流行趋势预测分析（注明来源）、确定新产品主题。

3. XXX 季的新产品结构和产品组合。

包括：新品开发的款式数量、产品结构比例、上市波段及时间安排。

4. 开发若干新产品款式。

说明款式中的颜色、图案、面料、细节等元素。

5. 设定新开发款式的价格带。

第4章 服装买手与采购

本章要点

- 服装买手与采购人员的区别
- 采购的分类
- 服装买手采购的"5R"原则
- 服装买手制定采购计划的"10P"原则
- 服装买手计算

学习目标

1. 知识目标

通过本章学习,了解到买手采购所做的工作,学习买手采购中所需要用的不同的计算方式,学会如何制定采购计划,区分买手与采购人员。

2. 能力目标

通过本章学习,学生灵活应用买手采购的计算方法和"10P"原则,能合理安排采购计划。

4.1 服装买手采购概述

4.1.1 服装买手与采购人员

采购在时尚企业中是一项频繁的工作，只有通过消费者不断地购买企业采购后进行的再创造，才能获得利润。通常人们错误地认为服装买手就是负责采购任务，采购员就等同于买手。服装买手与采购人员最大的区别在于采购人员根据采购单去谈判购买货品，只需具备一定的谈判能力和识别能力；而服装买手则是下达采购单命令者，是采购的实质的操纵者，他必须具备统筹全局能力和拥有敏锐的时尚嗅觉。虽然买手和采购都有采买的职能，但采购往往只停留在执行层面，买手却兼具管理和运营的职能。

国内一些知名品牌服装企业的面辅料采购工作不是一般采购员所能完成的，特别是去国内外知名的面辅料展会。这里涉及到新的面料趋势，买手无法向采购人员准确下达采购订单要求时，通常这样的情况都是买手亲自去采购。而且服装买手负责采购成衣，是属于买手模式中的新产品开发设计中的一个重要环节，服装买手要站在市场的需求和商品企划的基础上进行采购，采购人员无法替代他们的工作。同时买手跟进生产采购，并对生产采购过程进行监督指导；生产采购也将供应商和物价信息反馈给买手，以供买手更加全面地实施成衣采购。买手的相关工作职能包括现有采购的工作，但是服装买手与采购在工作的性质是截然不同的。

服装采购指最终的目的是出售服装产品，无论出售的形式是批发还是零售，企业均进行采购，例如采购原材料、采购半成品或者采购成品。服装采购是一个计划、选择、购买并销售服装产品的过程，基于满足目标顾客需求的市场营销理念，筛选恰当的服装产品在恰当的时机出售，从而满足消费者对商品更新、品牌更新甚至零售形式更新的需求，所有的采购行为及产品都应当满足顾客的某种需求。

但服装市场一直处于不断变换的环境之中，一方面，消费者特征及其品位的变化,竞争格局的变迁造就了波动的市场环境;另一方面,纺织服装的技术革新和产品创新提供了更多潜在的商品开发机会。

4.1.2 采购的分类

服装买手采购是一项复杂的活动,依据不同的标准对它进行科学的分类有助于企业根据自身的需要,合理选择恰当的采购方式,确保所选产品的准确和及时。

(1) 按供应商的来源分类

采购按供应商的来源不同可分为国内市场采购和国际市场采购两种。

① **国内市场采购**

国内市场采购是指向国内供应商进行的采购,以本国货币来结算支付货款。但采购的货品并不一定都是国内企业生产的,也可以是通过国外企业设在国内的代理机构。国内采购又可以分为本地市场采购和外地市场采购两种具体形式。国内采购的优势主要表现在以几个下方面:

a. 沟通方便

供应商与购买商有共同的文化背景、道德观念及商业组织,这样有利于维系良好的商业关系。

b. 减少成本

可以省去在国际贸易中洽商运费、保险、交货付款条件等问题,同时不需额外的通信费用、进口关税及评选合格供应商的费用,使国内采购的费用低于国际采购。而且一般通过国际采购的方式都会增加其订单量,增加了品质管理的工作,增加了成本,国内采购就不存在相应的问题。

c. 距离较短,周期相应减少

国际采购常常要面临运输时间的不确定性,无法估计不同事件所需时间,如恶劣的天气、罢工等突发事件等。

d. 品质标准明确

各国执行不同标准,国际供应商对于必要的设计改变的弹性不如国内供应商,而国内采购,供应商和采购商都执行统一的标准。

e. 风险小

国际采购往往还牵涉到汇率的问题,汇率的波动有可能会增加原来预计的成本。同时通常很难全面掌握供应商的信息资料，交易风险较大，一旦发生纠纷需索赔，追溯索赔起来相对比较困难。

② **国际市场采购**

国际市场采购是一种经济全球化的产物，随着我国人民币对外汇率的提高，对于国际采购来说，比以前的成本降低了很多。国际采购可以通过直接向境外厂家采购，也可以向国外企业设在我国的代理机构咨询，再向国外供应商采购。服装国际采购的对象多为工艺复杂、设计感强等，在国内根本无法买到的面辅料或成衣。国际采购的优势主要表现在以下两方面：

- 扩大了供应商的范围，可选择性大。
- 提升品牌的形象，提高了顾客忠诚度。竞争性强，由于设计感强、具有一定独有性，面料的品质好，山寨品相对减少。

一般情况下，国内服装买手采购时首选国内市场，以节约运输与仓储费用，缩短物流时间，也比较容易搜集供应商的信息资料，易于控制货源组织的进度。在国内市场不能满足采购需求的情况下，买手再考虑从国际市场采购。

（2）按采购的产品分类

按采购产品不同可分为面辅料、半成品、成衣与配饰的采购。

① **面辅料**

面辅料采购是指采购生产中所用的面料、辅料。面料的使用量大，有的面料工艺复杂，有可能采购回来的是胚样或者半成品的面料，还需要通过其他的工厂进行再加工。这样的情况有很多，例如拆分环节能降低成本、能生产这样的面料的厂家没有生产档期或者没有厂家能生产这样的面料，后续工序只能再找其他厂家加工等。服装辅料是构成服装时，除了面料以外用于服装上的一切材料，主要包括衬布、里料、拉链、钮扣、金属扣件、线带、商标等。安排采购时要根据生产档期合理安排。特别是面辅料需要特殊定制的时候，开模打样的时间也要算在内，否则很容易导致生产时出现缺少辅料的情况。

② **半成品**

半成品采购是服装加工到一半，例如企业由于各种原因没有办法安排生产档期给印花T-恤，于是就从市场上购买半成品的白胚T-恤，拿来进行再印花加工。不但缩短了生产周期而且灵活性较大。

③ 成衣与配饰

在服装时尚的零售业态中，一般代理商和个体都要进行成衣采购，但如今时尚不单单是成衣的时尚，整体造型中的配饰的作用正在被夸大，一些平庸的服装甚至可能被一件精致时尚的配饰所拯救，因此服装买手还要负责采购配饰。少了服装配饰，有的衣服就显得很平庸且单调乏味。

（3）按采购主体分类

按采购主体不同分为个人采购、代理商采购、商场采购三种。

① 个人采购

个人采购主要是指时尚独立店铺的店主自己身兼买手，他们从各种服装商品的产地，或者批发市场采购，也可以通过阿里巴巴或者其他电子商务平台进行采购。这种采购的特点是随机性强，一般都是现货采购，不需要订货，而且一般采购量都不大。

② 代理商采购

代理商采购的实质就是中间商采购模式，它主要有两种形式：一种是传统的代理模式，由代理商加盟代理某品牌，支付一定金额的定金后按季提货，品牌生产商拥有主动权。代理模式资金占用少，灵活性强，买卖双方风险共担，但定价权是由品牌生产商掌握。相比较而言，代理模式风险低、资金灵活、库存可调换。但当代理商将风险转嫁给生产商的同时，也失去了主动权。第二种就是买手模式，是指代理商依据市场的实际需求，实施买断式经营的一种形式。买手模式是由代理商委派服装买手带钱订货，由代理商掌握商品主动权的买断式经营。买断式经营资金占用多，灵活性差，商家风险自担，但同时商家也掌握了定价权和打折的权利。买手模式需要更多的资金投入和市场经验，担负着更多的风险，同时由于掌握着更多的权利，可以享有更高的利润回报。例如强势的议价能力、主动采购权、价格调整权利，这些因素使得代理商在市场竞争中占有更优势的地位。

对有市场经验的代理商来讲，买手模式是较好的选择。面对不断收窄的赢利空间，向供应商、向供货链上游要利润，将会成为零售商未来突围的方向之一。可以预见，以买断式经营为主要特征的买手模式将会成为代理商未来采购的主要调整方向。

③ 商场采购

商场自己采购，自己销售其实是最标准的服装产业链流程的表现形式。服装买手这一职业最先出现也是在百货商场中,百货采购也是运用买手模式的主要形式。在我国,服装产业起步较晚,零售业态不成熟。长期以来,百货商场多以联营为主。随着产业发展和消费结构升级,这些商场或迫于同质化竞争的压力,或为了争取市场竞争的主动权,或为了更高的毛利润,逐渐增加自主买断采购的比例,向买手模式靠近,有的还采用了自有品牌(Private Label)经营模式。这是竞争的结果,也是发展成熟的表现。从未来服装产业发展来看,我国百货商场和大型购物商场仍然是人们主要的购物场所,仍然是众多服装品牌主要的销售渠道,也将是服装买手们最广阔的职业舞台。

4.2 服装买手采购的原则

4.2.1 "5R"原则

很多时候服装买手不是亲自去采购,而是制定出采购计划,下单给采购人员去执行。因此服装买手通常会对采购人员做一定的指导,基于一定的原则,在一定的范围内,让采购人员去执行采购任务。"5R"原则就是其中的基本原则。"5R"指的是:适价(Right Price)、适质(Right Quality)、适时(Right Time)、适量(Right Quantity)、适地(Right Place)。

(1)适价

价格永远是采购活动中的焦点,是主要的成本耗费之一。企业中成本与零售价的差额是毛利润,为了增加单件的毛利润而提高零售价会导致销售量降低,甚至有可能会增加挤压库存的危险。采购价是否物美价廉是控制成本的关键,特别是大量订购时,微小的折扣都是一笔可观的节省。因此采购人员不得不把相当多的时间与精力花在各个供应商的价格单中,但是采购的价格与该物品的种类、是否为长期购买、是否为大量购买、交货时间及市场供求关系有关,同时与采购人员对该物品的市场状况熟悉状况也有关系,只有不断地进行比较、谈判才能拿到相应最低的价格。

（2）适质

一个优秀的服装买手必须懂得如何辨别材质，才能在相同的价格中能争取到最优质的品质。品质不良，会导致在后期的检验和调换货品过程中花费额外的时间与精力，造成检验费用增加；还会导致减少商品销售寿命，降低运营效率；第三有可能导致生产计划推迟进行，引起不能按承诺的时间向客户交货，会降低客人对品牌或者店铺的信任度；第四有可能引起客户退货，甚至还会导致忠实客户的流失；第五、品质上的问题最后都将反映成为库存的积压，减少了流动资金。但服装产业与其他传统行业不同的是，品质与定位有关，过度的追求高品质，导致成本浪费和价格提升也是不可取的。因此，单纯地只注重品质的服装买手在今天激烈的市场竞争环境也无法立足。

例如：在2008年欧美债务危机爆发后，某美国百货公司的服装买手在欧洲的一个品牌发布会上订了钉满施华洛世奇水晶高品质的连衣裙，但他要求用其他材质的装饰代替施华洛世奇水晶，这样一来，同样的预算能采购更多。虽然降低了品质，但导致成本降低，使得零售价非常诱人。总的来看，虽然品质的优良对服装买手非常重要，但他们更要懂得如何控制品质与定位之间的微妙关系，不是一味地强调品质，忽略了其他方面。

（3）适时

服装企业都是跟着安排计划实施生产的，若面辅料未能如期到达，会引起企业内部的计划混乱，甚至有可能停工待料，导致店铺缺货。服装是非常讲究时节性的，顾客只会在特定的时间段或者季节对特定的货品品类有需求，如果错过了最佳销售时机不但销售量大减而且不得不以打折促销的形式来减少库存，库存积压的同时，滞缓现金流导致新款上市的数量和频率减少，从而大大减少顾客对品牌的兴趣，忠诚度随之降低。

若面辅料过早买回来放在仓库里等着生产，又会增加仓储费用、管理费用，甚至储存不当的时候会增加破损、弄脏等几率，这是企业很忌讳的事情，因此采购人员要注意交货时间等，同时要求供应商按预定时间交货。买手要扮演协调者与监督者的角色，合理安排内部前置期、外部前置期、总前置期的时间，买手应重视两个前置期，才能控制好合适的采购时间。对于服装企业来讲，其所采购的产品或服务的时间应合适，太早会加大库存成本。

内部前置期指从确定需求到发出订单所占用的时间(包括:准备规格、选择合适的供应商、询价/报价过程、合同等)。

外部前置期指从供应商收到采购订单到完成订单所占用的时间。

总前置期＝内部前置期＋外部前置期＋时间滞后（发订单到收订单）。

（4）适量

有些定制特殊的面辅料需要一定的起订量,因此在采购的时候就要考虑这个起订量是否超出了企业的预算和销售能力。大批量采购虽有可能获得数量折扣,会积压采购资金,增加仓储费用、管理费用等,但太少成本会增加,而且有些特殊的面料还比较难补货,故合理确定采购数量相当关键,买手要灵活控制把握不同类的数量,采购人员负责监督订单数量交货。

（5）适地

① 适合采购地点选择

服装款型的设计没有版权,在这个竞争激烈的市场,精致独特、工艺复杂的面辅料成为服装企业竞争的优势。每个地区都有每个地区的特色优势,例如海宁是皮革之都。服装企业往往在某一特色聚集地中寻找供应商,使自己选择机会更多,最终在与各类供应商的合作中取得主动权。随着采购全球化模式的运作,对于一般的服装企业最好选择近距离供应商,不仅使得买卖双方沟通更为方便,处理事务更快捷,亦可降低采购物流成本,有的企业甚至在建厂之初就考虑在周边地区能否找到企业所需的大部分供应商,在某个层面上来说,这对企业的发展有着不可估量的作用。但如果是高档服装品牌的企业最好选择国外的进口面料,增加独特性的同时可以增加仿制品的生产周期,以至减少仿制品对品牌的影响。越来越多服装企业都开始选择全球供应链的运作,保持产品的独有性,建立品牌的知名度。

② 为不同的地域采购适合的货品

中国地域辽阔、气候多样,各地区都有特定穿衣消费习惯,对于任何品牌来说都很难全面照顾到地域间的差异性。由买手针对区域市场的特殊需求进行补充性采买,是解决地域消费习惯和气候差异的很好的办法。如果厂家供应的货品只具有对南方市场的普遍适用性,就不能满足东北地区冬装的需要。所以南、北方市场不应该以相同的货品品类组合来供应。

采购是一门看似肤浅的买卖工作,实际上要做好这项工作是非常不容易的。在实际的采购工作中很难将上述"5R"中每个方面都顾及周全,这就如木桶原理,采购工作就是盛水的木桶,是由"5R"这五块木板箍成的,盛水量也是由这些木板共同决定的。若其中一块木板很短,则此木桶的盛水量就被短板所限制。这块短板就成了这个木桶盛水量的"限制因素"(或称"短板效应")。若要使此木桶盛水量增加,只有换掉短板或将短板加长才行。因此,时尚必须综观全局,准确地把握企业对所购物品各方面的要求,而采购人员是负责把这五块木板搭建起来的,例如及时跟进采购订单情况,了解市场价格,在与供应商谈判时提出合理要求,从而争取有更多机会获得供应商的合理报价。

4.2.2 采购谈判技巧

采购谈判技巧是服装买手的必备素质之一,是相互协调和沟通以及在合作等方面达成共识的前提。谈判既是一门科学,也是一门艺术,一次商品交易谈判过程包括了报价、讨价还价、成交。服装买手进行谈判是为了得到最低的折扣,希望通过最低的价格获得优质产品,而供应商希望以较理想的价格获得交易的成功。两者未达成共识以前,就需要通过谈判来解决,这就是服装买手所需要做的采购谈判。另外,在采购过程中,由于业务操作失误发生了货物的货损、货差、货物质量数量问题、拖延交货时间等在采购谈判前就要提出要求和条件,若日后真的出现此类问题,赔偿也有据可依,此时也要进行谈判使得纠纷能够妥善解决,不影响双方日后的合作关系。

(1)采购谈判的目的

争取低采购成本,服装买手通过采购谈判,通常能以比较低的进货费用获取供应商提供的产品。

保证产品质量,尤其是中高档服装,质量尤为重要。通过一个质量的检测数据范围,给出质量评判的一个依据。

争取采购货品及时送货,服装买手通过谈判,可以促使供应商保证交货期,按时送货,配合买手的合理安排,不但可以降低采购方的库存量,而且可以减少不必要的管理费用。

获得比较优惠的其他条款,伴随购买行为,有一系列的服务内容,如准时交货、提供送货服务、提供产品信息的指导培训、换货率等。这些服务项目供应商都需要花费成本，供应商希望越少越好，而购买方希望越多越好，这就需要谈判。

（2）采购谈判原则

虽然，服装买手主要靠的是眼光，谈判并不是主要职责，但是由于服装买手了解市场，熟悉产品，清楚流行趋势，对于价格尤其敏感，因此采购谈判时也缺少不了服装买手。

① "多听、多看、少说"的原则

多听是指供应商的想法和意见，多看是指供应商所提供的产品、报价、条件等等，少说是指在谈判中切忌只是自己一方喋喋不休，要给对方讲话的机会，当谈判有分歧的时候不宜马上对对方的话予以评论或反驳。

买手要根据不同类型的分歧进行有针对性的谈判，如分歧的类型有三种：一是由于误解而造成的分歧；二是出于策略的考虑而人为造成的分歧；三是双方立场相差很远而形成的真正的分歧。

在明确了分歧的类型和产生的影响之后，就要想办法消除双方之间的分歧。由于误解造成的分歧，通过加强沟通、增进了解，一般是可以消除的。由于策略的考虑而人为造成的分歧及双方立场相差很远而形成的真正的分歧，其消除是非常困难和漫长的，需要高明的策略和技巧。经过磋商，双方的分歧得到了解决，就进入了成交阶段。在这个阶段，谈判人员应将意见已经一致的方面进行归纳和总结，并办理成交的手续或起草成交协议文件。

② **三部曲原则**，调研、议价、定价

服装买手采购之前，首先要对市场进行调研，市场上有几家雷同的供应商可以选择，对其价格和品质等进行调研，做到心中有数。议价：经过调研的环节后，筛选出价格最适当的二至三个供应商，供应商的第一次报价都会偏高，要进行更进一步的深入沟通，不仅可以将详细的采购要求传达给供应商，而且将心理价位报出来，进行议价。但是，如果供应商的货品比较稀缺、有特色，即使是面对面地与供应商议价，最后所取得的实际效果可能要比预期的要低很多。

4.2.3 服装买手采购的误区

（1）数据或经验大于一切

有些买手经常会走极端，可能因为数据或经验而吃亏，又有可能因为听了某些培训课程强调数据的客观重要性，就走向极端。虽然数据比较客观真实，也能

反映出相应的问题，但是数据仍然是数据，并不能成为主要判断的依据。甚至有的时候数据都是错误的，是由于在登记环节或统计环节等录入不准确等，如果还一味地相信数据，这很容易导致采购决策的错误判断。数据分析只是一种辅助手段，不能光凭表面数字来主观臆断，要结合诸如气温变化、上货时间、价格调整等实际情况作分析，有的时候也可能会因为突然的流行风潮所影响，这些都是无法在数据上反映出来的。但也不能光凭经验，市场是变化多端的，稍不留神，曾经的经验会成为今天的错误，千万不能一味地光凭经验、凭感觉，要以客观数据结合自身对市场经验进行判断分析。

（2）一定要按计划走

在时尚圈子中，永远都是计划赶不上变化，时尚永远变化多端，而且对其认识也是不定向的。例如企业开订货会的时候，同一个款式你认为好看，其他人不认为好看，可能你觉得这款订50件太少，但他还觉得订10件太多。不同人订货各不相同，订货时各有各的看法很正常，就如同每个设计师都有自己的风格，但对于企业来说设计总监将会敲定各种设计，因此需要一个有经验的服装买手根据计划从整体把控。

（3）只订购好看的

在采购时，只顾订购款式，但忽略了全局风格。这件衣服在其他店中的确好卖，但在自家店中就是销售不起来，甚至因为这样的订购方式导致了其他原本好卖的款式都开始出现销售放缓的情况。服装买手进行采购时要注意全局风格，采购的货品应与品牌整体货品风格保持协调一致，注意系列组合的配套效果、颜色的搭配效果、产品品类之间功能的互补，否则会导致陈列的凌乱，原本的定位模糊、不明确，这就增加了流失顾客的几率，降低了本身品牌的形象。

（4）订货会前不需要沟通

买手通常认为，他只是负责采购的，只要供应商的价格合理能提供货源，在开订货会的时候去选购一下就可以了，根本不需沟通。其实服装买手应该在订货会前就要与供应商做及时的沟通。目前国内很多供应商的开发能力和管理水平很有限，订货会就像是在做批发，缺乏系统的产品规划和品牌运营程序。在订货会之前买手和供应商最好能够沟通好，有哪种产品，有哪些品类；掌握了产品信息后，服装买手可以按照货品的情况进行计划，这样的计划通常比较准确。

4.3 服装买手采购工作

4.3.1 采购工作内容

服装采购工作是一个复杂的过程,不同商场、个体买手店铺、代理商之间的采购会略显差异,但大体上都有一个共同之处,采购过程中基本的内容还是相近的。 服装采购工作通常涉及以下四方面的内容:

- 采购计划的决策。
- 采购计划的执行与控制:OTB。
- 销售及补货的调控。
- 供应商联络:评估、建立并维护供应商关系。

从宏观上看,一般公司或零售商会根据全年度的、半年的或者是季度的进销存数据,分析整体的销售走向。 例如,销售增长超过库存增长幅度,如果不是减价促销等原因造成的,而库存又处于正常水平,即说明市场需求旺盛,若预期来年有良好的市场大环境,则可考虑放大买货量增长幅度;当库存增长超过销售增长幅度,并已排除新产品测试、价格上调等原因,即说明市场需求在减弱或者上季货品订得太多了,若预期来年市场大环境没有太大改变的话,应该考虑适度减缓买货量增长的幅度。 通过这样的分析,再结合店铺数量调整、价格浮动、库存周转等因素,你可以得出来年或者下一季度的整体订货数量和订货金额预算。

(1) 采购计划的决策

主要包括采购预算控制、产品定位、产品线组合设计以及产品定价等内容。 服装买手采购计划多以半年为单位,简称半年计划或者六月计划。 半年计划可以分为件数计划(unit plan)和资金计划(dollar plan)。 件数计划指用总金额分配到各门类的计划金额除以平均单价得到总件数。 件数计划可以用服装最小管理库存单位 SKU(Stock Keeping Unit)来衡量,即各门类需要多少件,多少色,多少尺码。

资金计划是指在过去数据基础上制定的资金使用计划。 它的制定往往是在过往业绩上的提升,计划中通常包含的关键业绩指标 KPI(Key Process Indication)有加成、折让、库存周转率等,如表 4-1 所示。

表 4-1 服装买手半年计划表

____商场____部门(____品牌____店)半年计划表

半年备货|资金计划			部门名称					
					计划量(今年)		实际量(去年)	
			损失量					
			平均库存量					
部门加成比率　%			半年库存周转					
去年	计划	实际	平均折让率　%					
201　春夏			3月	4月	5月	6月	7月	8月	半年总计
201　秋冬			9月	10月	11月	12月	1月	2月	
每月销售额比率									
销售额	去年量								
	计划量								
	修正量								
	实际量								
月初库存	去年量								
	计划量								
	修正量								
	实际量								
折让	去年量								
	计划量								
	修正量								
	实际量								
补货	去年量								
	计划量								
	修正量								
	实际量								
成本	去年量								
	计划量								
	修正量								
	实际量								
库存销售比	去年量								
	计划量								

实施采购之前，服装买手除了要对去年同期的历史销售数据进行分析和研究之外，还要针对销售网点营业面积的铺货所需品种数量进行计划——半年计划。

半年计划虽然是必要的,但不是一成不变的。时尚是动态的,市场也是变化的,采购计划随之改变也是正常现象。但是这不妨碍制定半年采购计划的重要指导意义——它不是用来实施采购,而是用来作为调整的参考和进行具体实施的依据。现在国内大部分国内服装企业都采用订货会制,准备时间都很仓促,甚至有些公司一到两天时间就要把整个半年的货品都订购了,这种粗放型的订货程序对极富经验的买手来说也是困难的。

服装买手采购的预算不仅要参考半年计划,还需要综合参考以下三个方面的具体情况:销售额增长计划、店铺铺货需要量计划、库存的增减控制计划。在这三方面数据的基础上,买手需要和销售人员一起,平衡实际情况中各个利害关系的轻重缓急,最后调整出一份详实合理的采购计划。

(2)采购计划的实施与控制

在采购计划的实施过程中,最容易出现的问题就是超量购买造成的库存积压,因此,控制采购数量是一项非常重要的工作。在国外成熟的买手模式中,服装买手运用 OTB (Open-to-buy)这一指标来控制每个月的采购数量。OTB 的中文译为敞量购买,是指在给定时期(通常是一个月)内计划采购额与买手计划购买数量之间的差额,代表服装买手留待当月购买的资金预算,并且随每次购买的数量的上升而下降。图 4-1 是 OTB 的拓展图。OTB 可以根据预估营业额和资金以及商品的周转率,帮助零售业者预测未来 12 个

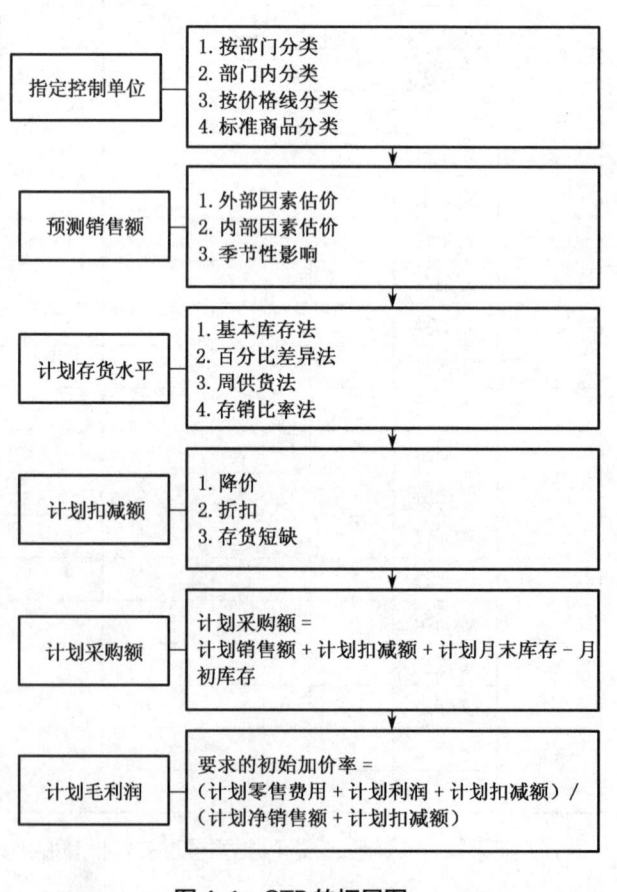

指定控制单位	1. 按部门分类 2. 部门内分类 3. 按价格线分类 4. 标准商品分类
预测销售额	1. 外部因素估价 2. 内部因素估价 3. 季节性影响
计划存货水平	1. 基本库存法 2. 百分比差异法 3. 周供货法 4. 存销比率法
计划扣减额	1. 降价 2. 折扣 3. 存货短缺
计划采购额	计划采购额 = 计划销售额 + 计划扣减额 + 计划月末库存 − 月初库存
计划毛利润	要求的初始加价率 = (计划零售费用 + 计划利润 + 计划扣减额)/ (计划净销售额 + 计划扣减额)

图 4-1 OTB 的拓展图

月中，每项商品的每月采购计划。通过 OTB 可以适时掌握所有商品的正确库存数量，避免因为库存过大，周转率太低而造成损失。

敞量购买最大作用在于它能够确保零售商在现有库存与计划销售额之间保持一种确定关系，将日常的采购计划变得更有章法，排除了下达采购订单时的混乱，剔除了采购数量过大过多或者不足的现象，有效地减少门店的降价行为和缺货造成的损失。这样能进一步保障了连锁零售企业的盈利水平，使零售企业获得更多的利益，从而避免采购过多和不足，另一方面还能使公司调整商品采购额以反映销售降价等的变化。从某些战略角度看，零售商会保留至少一个小额采购限额，以便采购新款服装并对已销售的商品补货。图 4-2 是 OTB 计算公式。

> OTB 计算公式：
> 复杂版：OTB 敞量购买＝本期计划采购额＋本期计划扣减额＋计划期末存货－期初存货
> 简单版：OTB 敞量购买＝计划需求总量－可供销售的商品总量

图 4-2　OTB 计算公式

案例

某买手店铺的童装买手 9 月 30 日下班时检查该店商品期初库存总量为 ¥350 000，预计 10 月底的商品期末库存数量控制在 ¥400 000，本月的计划销售额为 ¥300 000，本月的计划商品减价损失为 ¥20 500。在 5 月 1 日的时候，买手还有价值 ¥80 000 的商品订单已经发出，但未到货，预计商品加价率为 45%，计算出这个买手的 OTB 敞亮购买计划。

解答：

计划需求总量

计划销售额	¥300 000
商品计划减价损失	¥20 500
商品计划期末库存数量	¥400 000
＋	¥720 500

可供销售的商品总量

    实际期初库存总量　　　　　￥30 000

    商品订单在途数量　　　　　￥80 000

    　　　　　　　　　　　　－￥110 000

OTB 销售额 = ￥610 500

OTB 成本总量 ￥610 500 × (100% － 45%) = ￥595 775

当某款商品 OTB 敞亮购买金额在实施的过程中发生了变化应当及时进行调整。例如：

A 商品的采购及销售计划为：

现有库存数量（12月15日）	￥36 000
计划销售额（12月1日至31日）	￥26 000
实际的销售额（12月1日至15日）	￥14 000
计划减价损失（12月1日至31日）	￥2 000
实际减价损失（12月1日至15日）	￥900
计划期初库存金额（12月1日）	￥30 000
在途库存数量（12月15日）	￥3 000

该款商品的 OTB 在 12月15日采购计划发生了变化，

计划期末库存金额（12月30日）	￥30 000
计划销售额（12月1日至31日）	￥26 000
实际销售额（12月1日至15日	－￥14 000
平衡调整计划销售额（12月15日至31日）	￥12 000
计划减价损失（12月1日至31日）	￥2 000
实际发生的减价损失（12月1日至15日）	－￥900
平衡调整减价损失计划额（12月15日至31日）	￥1 100

可提供的商品库存总量（12月15日）：

实际库存（12月15日）	￥36 000
在途库存（12月15日）	￥3 000
可提供库存总合计（12月15日）	￥39 000

调整后的敞亮购买限额(OTB) = ￥43 100 - ￥39 000 = ￥4 100

（3）销售及补货调控

① 补货时机

补货的诀窍在于数量和时机的巧妙配合，补得太慢，新货变旧货，补得太少，销售断档，与此同时还要注意货品的新鲜度，如当季畅销款的销售情况良好，就可以在当季马上追单，不要等到发现缺货断码的时候才去补货，此时已经为时已晚了。即使能补货，服装买手要注意的是供应商的补货周期不能太长，最好2~4周就能够到货；如果超过两个月就很危险了，一是终端早就卖断货了，顾客不会等货到再来购买，大多数已经去其他店铺购买了，二是季节气候有所变化，补来的货已经过季了。

过季的畅销款一般都不会再补单，因为服装有其特定的销售周期，没有任何货品是永远畅销的。经典的畅销款也会有衰退期，若在下一季重复出现，极易成为滞销款。

服装买手同时要把握好追单补货的时机。追单补货的时机很重要，一般在当季前提下，畅销款会在上市两周内就显露出来，这时是补货的最好时机。在有现货情况下买手下单，厂家一般都能在两周以内兑现。如果厂家需要重新组织生产，追单的货品最好能够在1~2个月内兑现。否则追单补货的周期太长，市场和气候情况都已经发生了变化，就很难保证货品再次上市后还能够继续畅销。

② 多次补货

流行市场的变化很难在订货时就被准确预测。尤其是订货会往往比实际上货季节要提前半年之久，即便是经验丰富的买手，想通过一次性订货来准确预测所有畅销款仍然具有很大风险。所以从理论上讲，第一次订货时，应采取少量多款的策略，而后通过补货来追加对畅销款的存货量，这样可以把买货的风险控制在尽量小的范围内。不过这种操作方法需要厂家的供货链系统具备快速反应能力，否则无法补货，同样具有很大风险。

运营货品的人员应在货品一上市就开始观察销售数据，在两周左右时间马上对表现突出的畅销款进行加量订货。如果追单的反应过慢，例如4周以后才要货的话，即使厂家有现货也早已被其他代理商调走了。而且畅销款卖得快，几周之后店里的货就会断号、断码。厂家的补货周期也不易太长，最好2~4周就能够到货。补货的数量应以平均每周销售速度测算，统计再维持1~3个月的销售所需数量。

（4）供应商联络、评估，建立并维护供应商关系

① 采购评估

采购评估，就是在一次采购完成以后对本次采购的评估，或月末、季末、年末。是一定时期内采购活动的总结评估。主要在于评估采购活动的效果，总结经验教训，找出存在的问题，提出改进方法等。通过总结评估，可以肯定成绩，发现问题，制定措施，改进工作，提高采购管理水平。

② 供应商的联络

服装买手一般英语能力较好，掌握着国际一级采购资源，通过不断的人脉积累，供应商的资源会越来越多。

③ 采购监控

采购监控，是指对采购事务活动的监控。采购部门有责任督促供应商按时送货。采购员要督促、监督进货过程，确保按时到货。一旦发现问题，必须及时采取行动。采购部门还负责就任何关于送货要求的改变与供应商进行协商。到货后，采购员要督促有关人员验收、入库，以确保所收到货物的质量、数量与订购要求相符，必要时要确定货物的破损情况。然后通知结算部门进行货款结算。

4.3.2 "10P"采购计划

服装买手采购时考虑的因素很多，单凭前面讲过的"5R"原则无法做好整盘货品的统筹工作。如果说"5R"原则是木桶效应，那么"10P"理论就是多米诺骨牌效应，牵一发而动全身的连锁反应。服装买手统筹运作通常是根据市场的最新动态和对市场上的采购进行一定的预测，对下一季的服装市场进行预测的一系列营销组合。营销组合是多个营销工具的集合体，这些营销工具共同作用，以合适的方法将合适的产品销售给顾客，是企业及其产品与目标顾客联系的桥梁。

常规营销理论中常见的"4P"是指：产品（Product）、价格（Price）、地点（Place）、促销（Promotion）。现代的服装买手营销理论将营销组合由"4P"扩展到"10P"，即：人群（People）、定位（Positioning）、优先（Prioritizing）、定价（Pricing）、产品（Product）、探查（Probing）、细分（Partition）、计划（Plan）、渠道（Place）、促销（Promotion）。如图4-3所示，"10P"涵盖了整个采购工作。

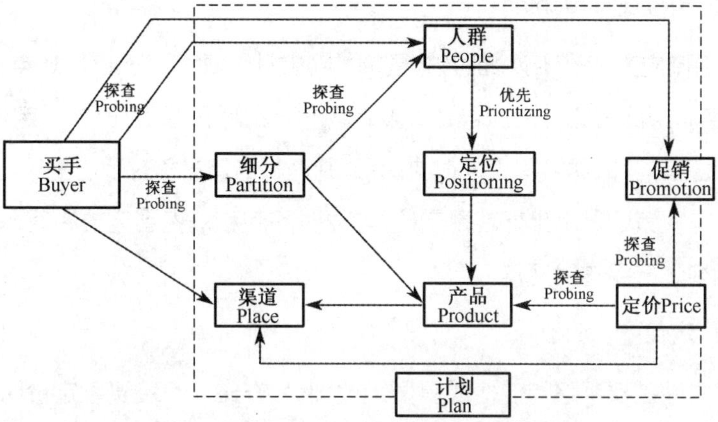

图 4-3 "10P"采购计划

（1）人群（People）

通过服装买手对市场的了解，将人群（People）和市场进行细分（Partition）、定位（Positioning）、探查（Probing）。其人群包括目标消费者、潜在顾客及竞争对手的消费群。基于对不同人群消费行为习惯和消费心理的研究，通过进销存数据对比哪种货卖得好，何种款式、面料、图案、颜色卖得好，还有价格、上货时间也都是促成产品成功销售的因素。其他考虑的"9P"因素都要优先（Prioritizing）以目标消费群体及其需求的变化为前提来做出采购的预测，只有被消费群所接受，才能达到企业的目的。

（2）探查（Probing）

服装买手要探查的方向有很多，同时要会应用不同的探查方法。对人群的探查方法包括问卷、街拍、访谈、心理测试、销售数据、店铺团队的反馈等等，对消费人群进行深入剖析消费喜好、消费特征、消费习惯、消费认知等等。通过与相关机构的合作、网站信息、人脉资源中获取对市场的探查内容包括市场消费动态、竞争对手的市场情况、消费总体趋势、流行趋势等等。

（3）细分（Partition）

在探查的基础上进行市场细分，是企业根据各个消费者的对风格的偏好、时尚的接受程度等的不同，把整个市场划分成不同的消费者群的过程，其客观基础是消费者需求的异质性。进行市场细分的实质就是在异质市场中求同质，主要依据是异质市场中需求一致的顾客群。

（4）定位（Positioning）

服装品牌定位从虚化方面指的是精神、文化、理念、态度、观点、价值主张等，从实质层面指的是消费群体、设计风格、品牌形象等定位。定位品牌形象及其价值指向，以便顾客可以很快识别，并理解与其竞争对手的差异。服装买手制订采购决策的基本坐标就是定位，需要对品牌和消费者定位有明确的认识，才能正确规划产品的属性特征。

（5）定价（Pricing）

定价是服装买手采购价格的重要组成部分之一。服装买手定价时，采用何种价格策略，将面对怎样的价格竞争，需要确定商品在不同销售阶段的价格区间。价格策略来源于多个参考指标，如：历史销售价位、消费者心理价位、竞争者价位、企业或产品的定位调整、市场经济波动等。而影响价格的因素通常包括下述三个方面：①产品基本属性：品质、服用性能等；②产品时尚特征：款式、色彩、原材料等；③产品附加价值：品牌形象、待客服务等。

价格是调节和诱导市场需求的有效手段，价格的高低直接影响服装产品在市场中的地位和形象，影响消费者对该商品的态度。一般而言，一个品牌或者一家商店都会有自己的价格定位，以利于在目标顾客的心中形成稳定的形象，并作为吸引忠诚顾客的条件之一。首先需要了解自身企业或者目标商店的价格政策，才不会在制订采购计划时偏离基本的范围。价格是供求关系天平上的砝码，合理的价格能对消费者心理产生良好的刺激作用，促使成功的消费购买行为。一个成功的品牌或商场的价格定位应当与其目标顾客可接受的价格区间相吻合。顾客的可接受价格并非一成不变，经济繁荣、经济衰退、耐用品价格波动、易耗品价格波动均会影响顾客对服装的购买能力和需求。及时了解目标顾客的购买力变化，在制订采购计划时据此做出定价调整，才能提高顾客的成功购买率。从纵向角度讲，对以往同类商品的价格分析，可以作为当季价格制订的基准。同时，通过检查历史销售记录，可以发现以往定价的不合理之处，并在随后的采购计划中做出调整。从横向角度讲，可以通过比较自身产品与竞争对手同类产品的价格差异，寻找更具竞争力的价格定位。价格是参与市场竞争最直接和有效的手段之一。

（6）促销（Promotion）

服装买手的产品不会因为打折促销来吸引顾客，尤其是新品上市的时候更加不会有什么价格促销的活动,但有可能采取事件性营销等手段来吸引顾客群。但是过了时尚的风潮、过了季节,促销也成为了必要手段。因此服装买手通常在采购前制定了促销预算,并根据产品特点建议合适的促销活动。

(7) 产品(Product)

产品是消费者消费的对象,是服装买手采购生产的决策对象。因此服装买手最大的优势就在于了解消费者的价值需求、时尚流行趋势、新产品、新技术和企业的利润目标,进行产品的开发和选择。

产品的采购决策主要包括:①产品线组合:不同产品品类及其比例;②产品形象:款式、色彩、尺码、原材料等;③产品标准:品质要求、性能要求等;④产品数量:单品数量、款式和颜色与尺码搭配数量、分时段采购数量等;⑤采购成本:产品成本、采购费用等。

(8) 渠道(Place)

服装买手模式下,销售渠道或者通路的选择关系到服装买手店铺最后的成败。随着当今服装产业快速发展,不断涌现出新的渠道,如网络渠道、微信渠道等等。生活方面的改变也不断催生出新的销售渠道。例如随着旅游逐渐成为人们日常生活的一部分,出游和出差的次数不断增加,机场、车站和地铁站店铺已成为现今十分重要的销售渠道。与此同时,传统的销售渠道也出现了分化:工厂店渠道对解决企业库存压力越来越重要;购物中心(Shopping Mall)的高速发展不断侵蚀原有百货商场的市场份额;而百货商场渠道在逐渐向买手模式下的高端精品店靠拢。

(9) 优先(Prioritizing)

在采购中不要仅仅依靠数据。数据只是作为参考判断的依据之一,同时还要以自己的实际经验为标准加以综合的考虑。在所有因素中要优先考虑消费者,自己拥有的消费者喜欢什么颜色、什么材质、什么风格等等。在采购渠道中,可以优先考虑熟悉或比较容易补货的供应商。

(10) 采购商品计划(Plan)

在采购活动实施前,需要先对所要采购的产品进行定量或定性的研究分析工作,得出商品组合从宽度到深度以及色彩、材质等因素的市场信息,根据需求的品类和供应商的情况制定出切实可行的采购商品计划,包括选择供应商、供应品种、具体的订货策略、运输进货策略及具体的实施进度计划等,具体解决什么时候订货、订购什么、订多少、向谁订、怎样订、怎样进货、怎样支付等具体的计划问题。通过这样的过程进行预规划有助于提高采购计划的成功率,实现店铺或者企业的财务目标。

本章小结

- 买手的采购"5R"原则:适价、适款、适时、适量、适地。
- OTB 敞亮购买=本期计划采购额+本期计划扣减额+计划期末存货-期初存货。
- 补货要素:补货时机和多次补货。
- "10P"采购计划:产品、人或群体、定位、优先、定价、探查、细分、计划、渠道、促销。

练习题

1. 买手如何根据店铺情况计算配货数量?

某女装买手店共有 10 家店铺,其中 2 家大店、4 家中店、4 家小店。新款服装计划在大店、中店和小店的陈列和出样分别为 800 件、600 件和 300 件。按照服装的产品组合规律,大店配货尺码比例为 1:2:3:2,一手为 8 件;中店为 1:2:2:1 共 6 件一手;小店为 1:2:1 共 4 件一手,仓库中预留 15% 的补货量。请计算该买手店铺下一季该如何配货。

答案:第一类:经典基本款,配货所有 10 家店铺,每个货号订货每手 64 件,共 30 款:(4 件×4 家店+6 件×4 家店+8 件×2 家店)×115%=64 件。第二类:时尚主力款,配货大店和中店共 6 家店铺,每个货号每手订货 46 件:(6 件×4 家店+8 件×2 家店)×115%=46 件,共 20 个款。第三类:形象款,只配货大店 2 家店铺,每个货号订货 18 件:8 件×2 家店×115%=18 件,10 款。

如上所示,该买手店订货的深度和宽度就十分清晰了。如果是一次订半年的货量,还要再计划第二个或第三个波段,把畅销款补货的量预留出来。如果供应商不能及时补货,买手应预先按照销售周期加大对第一类经典基本款的订货数量,以防断货。

2. 某中档定位的服装店,面积 70 平方米,首次铺货要采购多少件货品?

首次铺货要看店铺面积大小和陈列密度,还要看店铺的门类策略是宽而浅还是窄而深。门类宽而浅的店铺,大约需要 150 个货号的 SKU,如果不够可以重复陈列。每个 SKU 如果按三个尺码规格计算,那么以秋冬季为例,6 个月一次性进货:150SKU×3 件 + 120 件/月×6 个月 = 1 170 件。

如果是窄而深的门类模型,大约需要 100 个货号的 SKU,但是每个 SKU 要配 5 个尺码规格,结果就变成:100SKU×5 件 + 120 件/月×6 个月 = 1 220 件。可见两种不同的经营模式下,相同面积的店铺需要的货品数量基本相似。

但是,值得一提的是,快销模式下和高单价的经典款式在相同面积的店铺里,需要的备货数量就相差比较大了。

第 5 章 服装买手商品管理与控制

本章要点

- 掌握服装商品的门类、款式、价位、尺码、颜色材质和组合等属性
- 掌握影响服装商品的主要因素：门类的宽窄与深浅
- 了解如何对服装商品进行分级
- 掌握服装商品的主要销售业绩指标（KPI）值

学习目标

1. 知识目标

通过本章学习，了解买手商品管理的基本知识以及常用的管理控制指标和方法；通过对服装商品各种属性的学习，了解服装商品管理的基本规律，如何对其进行进销存管理控制。通过案例分析，使学生最终掌握买手在采购和辅助销售等不同阶段适用的商品管理方法和手段。

2. 能力目标

让学生从买手职业角度正确看待服装商品，掌握服装商品的属性和管理的方法，客观分析看待商品与库存的关系，增强买手抵御库存风险的能力。

在拥有多种流行趋势与商品样式的服装市场中，买手需要认清各种款式和门类的特点，并根据它们各自的属性采取不同的进货模式。买手还要从商品门类、商品子门类、尺码、颜色等不同角度，制定行之有效的商品组合模型。否则，时尚类的货品很有可能成为日后的过时款，原本以为可以销售，但却因为不合消费者的胃口，白白错失了大好销售机会，不仅导致库存积压资金，而且会影响客户的忠诚度，如果类似的问题不处理好，很容易产生恶性循环。

5.1 服装商品的属性

5.1.1 服装商品属性

服装属于时尚类产品，确定品牌的整体时尚度和确定不同时尚度的货品存货量，这是时尚类的买手都会面临的一个共同任务。决定哪些货品需要大量采购，哪些商品需要少量采购，这是个比较棘手的事情；尤其当抉择失误的时候，有可能导致库存的大量积压，资金链断裂。对此，虽然买手往往会进行数据分析，但经营时尚类商品仅靠理性是远远不够的，通常还需要对时尚有感性的认识。

当前，服装企业大多采用订货会形式确定下一季的产品投放。订货会上提供的新款式、时尚度、风格系列以及适应的场合都不相同，有些是属于当季时尚款；有些设计是比较有鲜明个性的符合流行趋势或者不同于当前流行，甚至还有的货品是属于基本款而卖流行色等。因此，时尚买手根据品牌的定位和目标消费群的定位，外加通过咨询专业市场人士、数据分析、消费群的调研、流行趋势机构等方式，获取确定每一款式商品采购量的信息支持，最后就是凭自己的市场经验和眼光。买手面临的款式选择的主要问题在于确定应购进形象款、时尚款、基本款每一款式商品的数量及颜色，而且需要根据季节随时调整色彩的商品。时尚买手需要控制每一家分店所需的商品数量，依据各自以往的销售数量，相互之间各不相同。虽然这个计划比较复杂，但与更多涉及时尚内容的商品计划相比简单多了。

(1) 商品门类

商品门类是指某一商场所经营的特定商品类型。例如，商场的男装楼层经营范围会包括西装、衬衫、裤装、运动衫、休闲服、毛衫、牛仔和饰品等门类。青春运动装买手根据商品子类中的款式、价位、尺码、颜色等因素为所供职的商场制定每一商品种类的采购数量以及设计总分配方案。

(2) 服装款式

在完成了门类分析之后，服装买手接下来必须对每一门类的款式或子门类准备一份详细的采购计划。例如，仅仅计划某款女裙的件数是远远不够的，还必须对该种商品的所有类型进行说明，为此要进行进一步的门类明细规划。

根据不同款式对商品进行细目划分，买手就能对各款商品的采购数量做到心中有数，而不会盲目处理商品采购量问题，从而有助于买手进一步完善进货计划。例如，买手通过流行趋势发现某款短裙将受到消费者的普遍青睐，因而买手增加该款商品的计划采购量，也表示他对该商品的需求将不断扩大有着充分的信心。与此同时，从以往的销售量看，由于一些顾客会固守自己的消费习惯，可能继续选择购买长裙，如果不再继续采购长裙对买手来说就不是明智的。因此，我们可以轻易地得出结论，买手计划采购的短裙数量会比较大，但同时会保持一定数量的长裙采购量。

(3) 价位

为进一步制定详细计划，采购计划下一步要涉及的就是价位了。理论上看，如果店铺都以同一价位出售同类商品，进行这一步骤将会多么容易。但现实中，商场的价位策略却绝非如此，它们总会对这些商品提供几种不同的价位供消费者选择。为进一步完善采购计划，买手会准备一份价格明细表。在经济面临通货膨胀的情况下，原材料价格会持续上涨，此时，买手就要为商场的进货模式增加一个附加价位。即如果以前的计划仅包括两种价位，新计划就需要有三种价位。

(4) 尺码

完成价位分析之后，买手接下来就要确定这些商品的不同尺码的采购数量。由于顾客对尺码的需求在不同时期会有变化，因此，尺码分配要依据的是以往商品的销售情况。如果特定商品最适合某一尺码，对买手通常采用的尺码标准进行调整也是非常必要的。例如，在某款商品极度强调消费者个人体形的情况下，从采购名单中去除大号尺码就是一个比较明智的选择；而对于相对宽松、掩饰体型的款式，买手就可以少定个别尺码。因为，尺码过多意味着将来的库存风险的增加。对于相同的店铺，新一季的尺码分配可以与去年的尺码范围完全相同，或者根据款式的风格变化进行稍微的调整。

（5）颜色

色彩以其强烈的视觉传达能力成为吸引顾客注意力的第一要素。因此，买手采购前需要特别关注色彩的选取。在做出色彩决策时，需要同时兼顾多方面的因素，例如：企业的品牌或特定产品系列的色彩风格需要保持一定的稳定性，需要迎合目标顾客对色彩的偏爱，流行色的变化也需要在新产品中得以体现，色彩在不同销售季节中也具有连续性，对历史销售记录的分析有助于发现畅销的色彩或色彩系列等等。此外，由于同一款式的产品往往会同时推出多种色彩，不同色彩搭配的数量比例也需要预先规划清楚。经典的、谨慎的色彩所占数量比例通常会较大，而新潮的、前卫的色彩比例则相对较少。关于色彩的采购决策往往会用标准色谱或者企业自行设计的颜色标准进行说明，如今在纺织服装界，比较通用的是潘通（Pantone）公司出品的系列标准色卡。

服装买手需要提前掌握下一季的流行颜色，以便准确完成下一季的商品采购。由于每年的流行色各不相同，因此，买手不能简单依据过去季节的商品的色彩销售状况确定自己的采购计划。同时，也必须根据消费者对流行色的接受情况来对商品采购做出一个总体决定。例如，当销售记录显示消费者受流行趋势的影响较大时，那么，买手根据下一销售季节的流行色采购商品就是比较安全的。实际运作过程中，买手对颜色的感悟以及采购决策的最终制定，经常是咨询专业市场人士与时尚预测师，仔细阅读时尚杂志、信息报告，约见销售管理者与时尚建议师，加之自身知识积累的综合产物。

服装的颜色不仅对商品至关重要，还会对店铺的整体外观和时尚感觉起到重要作用。因此，买手对颜色做出了正确的选择并实现了与所在店铺的色彩兼容，就更有利于消费者进行选择。往往，在进行了重点颜色搭配推荐的情况下，店铺销量就会有显著增加。例如，计划采购的商品总量是 80 件。其中，买手计划购进的黑色与棕色商品较多，且相对集中在商场销量最好的中间码商品方面。紫色是商场本季新增并极力宣传的颜色，因此，买手对紫色商品的计划购进量仅比黑色与棕色略少一点。绿色商品存在一定风险，为此，买手在确定其购进量时表现得比较谨慎。由于这只是根据经验所进行的尝试，因此，只有时间才能检验其正确与否。当然，这只是一份采购计划，随着销售情况的变化，买手会对商品颜色进行适当的调整。

（6）材质

商品的材质决定了它的品质和价格。买手需要了解服装商品的材质流行信息以及目标消费群对商品材质的喜好。这些重要信息可以从历史销售记录中发掘，畅销产品的材料、滞销产品的材料、相近款式不同材质的销售差中可以很好地反映出来，特别是顾客退货时反映材质的问题，接触皮肤的感觉、穿着的舒适感觉、护理的难易程度等，这些信息都是非常具有参考价值的。在今后制订采购计划中就要尽量避免经常获得负面评价的材料特征。随着新型原材料的研发和技术手段的革新，产品开发无疑会向新材料倾斜，但不是所有的新材料都会适合自身企业或品牌的产品。可以计划订购少量特殊材质的服装，刺探市场反应程度，对目标消费者试探新材料的接受度，一旦销售反应良好，可以立即对其进行补货。

（7）商品组合模型

为更清楚地分析在固定空间、固定采购预算前提下，如何做到商品买卖的利润最大化，服装买手应该建立一个合理的商品组合模型，并以此制定采购计划。

买手制定商品组合模型的表面目的是防止商品短缺，满足客人的购买需求；深层目的是以最少的库存投入换取最大的销售额。此外，在企业生产中，还具有保持生产过程连续性、分摊订货费用、快速满足用户订货需求的作用。在买手商品采购中，无论如何谨慎小心和防范，库存的产生也会是一种无奈的结果，它是由于人们无法预测未来的需求变化，才不得已采用的应付外界变化的手段，也是因为人们无法使所有的工作都做得尽善尽美的一种调节手段。商品管理和控制的目的是在满足客户服务要求的前提下，通过对经营过程中的商品数量进行控制，力求降低采购数量，提高物流系统的效率，以强化企业经营的竞争力。

有时买手采购为了降低单位购买成本，往往利用数量折扣的优惠，一次采购大量的物资来实现最低的购买单价，而这样的库存有时对企业来讲是一种投资，虽然占压一定数量的资金。应从投资收益率的观点来看待库存管理，尽可能缩短库存被买入和卖出之间的时间。不论是服装生产型企业中的企划人员还是零售型服装企业中的买手,在为所在的服装品牌和百货公司生产或采购产品时,都应以最小的库存投入换取最大的赢利,以实现公司利润的最大化为目标。

服装买手在前期企划产品时,从服装产品特性以及品牌定位出发,分析各个要素,并根据库存货品的门类与属性,将服装商品按照其属性进行分类管理。

5.1.2 影响服装商品的主要因素

(1) 最小商品管理单位——SKU

SKU 是 Stock Keeping Unit 的缩写,是当今国际上通用的货品管理单位。SKU = 款式数量 × 颜色数量 × 尺码数量。例如某款式有黄、白、粉三个颜色,每个颜色有三个码分别为 S、M、L,那这个款式的 SKU 的数量是三乘以三,等于九。每个不同货号对应的产品就是不同的 SKU,同款不同色的产品就是不同的 SKU。而且并不是说每个 SKU 给配足规格,到底配多少数量也没有固定公式,而是要看货品、颜色、店铺的定位等方面。例如服饰配件产品,比如说手袋、项链,配一个即可。规格较少的服装产品,比如说毛衣、外套,一个 SKU 每个店配两三个号型。但要是正式的男装,货品都是西装、衬衫等,尺码、配货则要比较齐全;当然还要看定位,要是高档的正式男装,尺码、颜色就比较多,低档的尺码和颜色就没有这么丰富了。

(2) 服装商品的宽度及深度

宽度是货号数量,深度是每个货号的订货数量。每个货号订多少数量主要取决于规格配比、店铺的铺货量,还要考虑销售周期的长短。

规格品牌的产品规格尺寸往往有其特殊性。这一方面是目标顾客的体型特征的要求,另一方面是品牌或产品设计风格所造成。一般而言,对于面积比较小的店铺,尺码是属于两头少中间多,即小码和大码的配货量不多,中间码数较多,如 XS∶S∶M∶L = 1∶2∶2∶1。当然还要看风格款式,同时根据过去的销售数据现实,类似风格的在身材瘦小顾客群中比较受欢迎,尺码间的数量搭配可以调整成 XS∶S∶M = 2∶2∶1。尺码配置合理,将有助于降低断码库存或某一尺码服装的积压。关于尺码的采购决策,往往会就不同的产品或产品系列而设计不同的尺码搭配方案。

（3）时尚度

按产品的时尚度,可以将货品进行分级管理。第一类:经典款或者基本款、长销款,保证销售,利润一般;第二类:应季款、时尚款,提高毛利润,零售价偏高;第三类:形象款、试水款,利润非常丰厚,但定价高。在货品管理过程中,服装买手还经常使用 A、B、C 分类法对货品进行区分对待。

① A 类款

A 类款可以作为销售期比较长的货品进行长期储备,例如,某长销款计划储备 6 个月(这个例子只适用于男装,女装经典款储备 3 个月为宜),则可以结合网点铺货 6 个月销售所需数量,并统计去年同期类似长销货品在半年之中所销售数量作为参考,以决定订货数量。

② B 类款

B 类款如果可以追单而且追单速度很快的话,则不建议在第一次订货时就将数量订足,如果追单在两周就可以到货的话,建议首次铺货只订购满足 1~2 个月的销售数量,然后在进入季节销售的前两周时间里观察市场反应,对畅销款式采取追单、翻单策略。

③ C 类款

C 类款则应采取少而精的策略,甚至保证每个店铺仅有 2~3 个规格的存货即可,因为它们不是销售的主力产品,不宜多订。如果根据价位分配网点,高价款则只需要分配给大店和能够消费高价位货品的店铺即可。

服装商品不一定是最流行最时尚就最好,适合的才是最好的,有些太过夸张的流行元素是需要再消化才能适合某些特定人群的。还有生活习惯因素、文化因素、职业因素、穿着功能因素等,都会影响某些特定人群对流行的接受程度。

（4）品牌风格类型

仅仅以 A 类、B 类、C 类来确定款式采购数量也是不全面的,同时还要根据品牌或者店铺类型加以分析,才能得到最佳效果。

① 经典品牌

经典品牌的目标消费群是相对年龄较大对新事物的接受过程较慢的人群,或者是性格偏保守人群,这些人往往较难接受最新的事物,喜欢遵循旧的方式生活。可以根据经验预测每个款式的销售期长短,分为长销款、应季款和出样款。

长销款是指那些不太会受季节和流行因素影响的款式,而且价格比较稳定,一般很少进行打折促销,相对风险系数小,预期可以畅销至少半年以上,甚至更长。经典款通常是一种风格,例如简约、职业等,或者是已经销售过并且还会继续畅销的销售主力款式。

应季款即只适合在特定的季节里销售或者受流行趋势影响,预计只会在某一季节里有短暂辉煌销售的款式,如果采购的数量太多,打折促销的可能性比较大。但采购数量不够的话,又不能及时补货或者根本补不到货,这就很容易错过销售机会。

形象款往往是那些好看不好卖的款式,而且价格很高,具有鲜明的设计风格,款式夸张,色彩抢眼。虽然大部分这样的款式不会有很好的销售,但少了它们店铺里会显得平淡乏味,可把它们陈列在橱窗或者店铺里较显眼的位置,作为吸引顾客进店的亮点,因此形象款订货的件数只需几件,起到画龙点睛的作用即可。

② **时尚品牌**

时尚品牌的目标消费群是喜欢尝试体验新鲜事物的年轻人或者是性格较开放人群,他们很容易受外界影响,喜好变化也快,需要不断以新鲜事物刺激其购买需求。因此时尚品牌订货在很大程度上与经典品牌有着很大的不同。时尚买手服务于时尚品牌,订货通常是将款式以经典款、时尚款、试水款这三类不同的时尚度来区分。

经典款是指那些把上一季的畅销款进行改良和延续设计的款式,由于上一季的畅销,这样的款式很有可能会继续畅销,但时尚品牌订购,不能订购太多,而少量的订购这样的款式还是属于风险较小的投资。

时尚款是符合市场主流流行趋势的款式,但由于市场对流行趋势接受程度的不确定性,其中有的款式有可能会成为销售主力,但有的款式也有可能不畅销,订购时尚款会有一些风险。款式是否好卖,这就在于买手的眼光和经验了。

试水款是指那些比时尚款更超前、更具有市场不确定性的款式,但毛利润丰厚,而且时尚品牌必须引领市场流行趋势。如果全部订购低风险的款式,没有非常时尚款式提升品牌形象,则品牌将失去潮流的领导地位。订购这样的试水款要注意的是,一方面要保持住品牌风格的独特性,另一方面也是为了试探市场或者是目标消费群对于未来流行的接受程度。

（5）服装商品分类

① 女装

年轻女装受流行趋势影响比较大，款式翻新的速度要快得多，经典款应该在整个货品里占比较小的比例，可以分配 20%～30%，甚至更低，而时尚款应该占 50%～60% 的比例，再搭配 10%～20% 的测试款。

② 男装

成熟经典男装受流行趋势的影响非常缓慢，长销款的比例要占到半数以上，约 50%～60%，甚至还要多，每一季款式基本不变，只是在面料和一些工艺细节上做文章；应季款作为保持品牌新鲜度和活力，并跟随市场主流流行趋势的款式，需要搭配 20%～30% 的比例；当然出样款要占到最小的比例，10% 即可。至于童装、内衣都各自有其不同的市场特性。

每个品牌各个类别的款式如何进行适当比例的搭配，这并没有固定公式可以套用，前面所提供的仅仅是一些规律性的参考数值，每个品牌应该根据自己的实际市场需求特点进行划分和分配。

（6）季节

传统的两个季节或者四个季节划分法已经不再适应这个快速变化的市场了。很多进入中国市场的国际时尚品牌至少每 1 个半月就推出一次新产品，不间断地刺激着消费者的购买欲望，按照气温的递增或递减将一个季节划分为若干个小季度，不停地推出新款。根据市场定位不同，越年轻的品牌，小季度划分得越细，新货上市的频率越高。这种做法在欧美国家早已是司空见惯的了，也是这些国际品牌在中国市场上占尽优势的诀窍。

（7）品类及款式

就某一季的采购计划而言，需要整体规划产品线组合，确保产品线内的不同品类服装处于平衡的搭配状态，从多个层面满足消费者对不同层次商品的需求。常规的基本品类的商品由于不存在季节性的影响而销售稳定，通常不必进行复杂的需求预测。可以通过计算机智能管理系统设定其常规库存量和自动补货的模式。当系统检测到此类商品的数量低于预设的库存量数值时，会提示买手补货。有些系统还可以自动打印出采购订单。

对于经典款式的商品，买手可以基于以往的销售数据信息，判断哪些款式可以继续销售，哪些款式必须淘汰。对于可以继续销售的产品，常规的做法是更换颜色或者修改产品细节后将其列入新的采购计划。对于时尚程度较高的商品，预测其销售潜力和态势是一项具有挑战性的工作，因为往往没有直接的历史销售数据能够作为参考，但是可以从同类商品的销售成绩中了解目标顾客对新商品的接受程度。如果顾客对新商品表现得比较保守，只是潮流的跟从者或者落伍者，那么买手在采购此类商品时就需要谨慎，不要做过于大胆的尝试。关于品类和款式的采购决策往往会用服装款式或局部细节的照片及草图进行辅助说明。

（8）店铺面积和陈列密度

决定店铺订货数量的不仅仅是计划销售额，还有店铺的使用面积，因为店铺面积是出样陈列和仓库摆放的基础，也就是店铺的陈列容量和仓储容量。例如，计算一间70平方米左右的销售中档女装的店铺的首次铺货数量。首先，根据店铺面积，我们按照经验或者参照周边类似店铺的陈列密度，确定店铺货出样大概100个SKU。如果每个SKU平均配额是三个尺码，每个月的平均销售件数是120的话，那么整个秋冬季6个月一次性进货：100SKU×3件＋120件/月×6个月＝1020件。这种计算是比较概括的，其中有些因素没有考虑。例如，每个SKU的三个尺码配额并不是固定的，而是根据货品类型而定的。服饰配件产品，比如说手袋、项链，每间店可以配一个。规格较少的服装产品，比如说毛衣和T恤，每个SKU每个店配两三个号型。规格多的像西装、衬衫和裤子，一个货号如要配齐，可能需要十来个尺码。每个店配多少合适，就要看物流和店铺库房的容量了。对于单价比较高的服装商品，采购数量一般比较少，否则很容易垫压资金，同时建议店铺之间可以共用，轮换出样，以降低库存投入的风险。

| 案例

A代理商与B代理商的店铺在地段、大小、配备的导购人员等各方面条件都差不多,只有 A 与 B 的所代理的品牌不一样,A 代理商根据对以前销售数据的分析,拿了 2 000 件,挑的都是他比较看好的款式。销售下来也证明,他选中的爆版还是比较多的。B 代理商订货的时候拿了 1 000 件,后来补货又追加了 1 000 件。B 代理商的爆版虽然没有 A 的命中率高,一个季节下来,B 比 A 销售却做得好。因为 B 依靠补货既降低了风险,又提高销售效率。

可见,是否能够通过快速反应补货来改善货品的营运能力,不单单靠科学补货方法,同时需要供应商的快速反应作为前提。有时会对市场反应好的货品在第一时间进行追单,但反应通常比较慢,所以调整的力度不太大,追单还是比较难控制的。而且现在很多的供应商系统还不具备快速反应能力,这使得代理商订货和应对市场变化时非常被动。供应商对于追单是否给予补货追单生产,若数量太少,厂家也不会安排生产,除非代理商们都要求追单。一般代理商的调货补货要求,他们都会尽量满足,如果是当季的货进行加订,订单马上发到工厂,提前赶工,但是如果代理商要得太晚的话,那只能取消订单了。

5.1.3 服装商品的主要销售指标

(1) 售罄率

售罄率(Sell-through),是指计算某段时期内销售与进货的比例,也称动销比。根据时间范围的不同可分为周售罄率,月度售罄率,季度售罄率。在实际操作中,某一单品的季度售罄率控制在 50%~80% 为宜;高于这个范围表明货品的深度不够,销售和利润都没有达到最大化;而低于这个范围则表明款式选择存在问题,商品利润降低!

对商品售罄率的分析一般主要基于以下几个方面:

- 按照上市日
- 按照价位带
- 按照系列
- 按照颜色
- 按照门类

对高于或低于平均售罄率需采取行动,计算在指定的时间内的售罄率。

公式:　　　　　　销售÷期初库存=售罄率 %

如需取得每日售罄数据,把总售罄除以天数(30日)即可。

案例分析:

美国某服装公司售罄率的参照指标数据:

分级	月售罄%	周售罄%
EXCELENT	29%～33%	6.7%～7.7%
GOOD	25%～28.9%	5.8%～6.6%
FAIR	20.8%～24.9%	4.8%～5.7%
POOR	16.6%～20.7%	3.8%～4.7%

(2) 商品投入产出比

商品投入产出比(Stock To Sale Ratio),是指某个款式销售数量与备货数量的比例。它可以衡量店铺中需持有一定比例的货品以满足销售的需要。一般时尚买手通过存销比来计算初始库存,或推算下一段时间备货数量。商品销售比解释了备货与销售的关系。在该比例不变的前提下,月初存货越大,月销售额越大。

某段时间备货数量÷该段时间内计划销售额=商品投入产出比

对于时尚买手来说,根据所销售产品的属性和定位来计划其所需的库存销售比。对于时尚类的产品,这个比值一般比较低,保持在3∶1左右是合理的。也就是说当时尚买手开始销售之时,当月准备的商品必须是该月计划销售额的3倍,或者说计划销售额是备货量的33%。对于基本经典的产品:投入产出比可以高一些,甚至达到4∶1~5∶1之间,因为这类产品属性稳定,变化小,不易过时。商品投入产出比高的运营模式对商品的毛利要求高,反之亦然。这也解释了为什么快时尚运营模式下的产品定价比较低。

商品投入产出比与其他指标的关系:

- 销售占比和商品备货占比越接近越好;
- 商品投入产出比和平均毛利润是正比关系;
- 商品投入产出比与产品的时尚度是反比关系。

课堂讨论题

快时尚、高端女装等不同类型服装的存销比有何不同?

(3) 坪效

坪效是店铺单位面积的销售额。它用来分析一个商店或产品类型单位面积的销售和利润情况,是时尚买手常用的库存计算指标。

公式:净销售额÷所占的平方面积=坪效(单位面积销售额)

时尚买手根据销售额比例分析面积:

公式: 净销售额÷总业务销售额÷总商店面积=该项产品所分得面积

案例

店铺运营成果的核心指标是坪效,国内服装店中优衣库以6万元人民币高居榜首,ZARA为4万元。而国内服装界平均水平为6 000~8 000元。在所有零售业中,坪效最高的是苹果零售店,坪效为40万元(6万美元),而第二名蒂凡尼不到20万(3万美元)。

图5-1 优衣库与苹果店铺的坪效很高

(4) 敞亮购买

敞亮购买是指店铺中计划新加入的货品数量,英文为OPEN-TO-BUY,简称OTB。敞亮购买不是传统意义上的补货,而是一种计划补货资金。OTB是计划剩余所需资金,计划销售额与已订货额之间的差距,OTB的使用是为了防止对商品的超额投入。

按销售计划在某段时间内需要补货的数量,弥补已销售的货品可以使买手更大限度地使用流行趋势满足消费者的需求。

如何计算敞亮购买OTB:

公式:销售额+折让+期末存货(期内所需存货)-期初存货=OTB

时尚买手在实际操作中,经常容易犯下过量采购(Over-Buying)的错误。过量的、无计划的补货将导致存货过剩、周转下降和利润减少的恶性循环。与之相反,OTB补货过慢,也将会导致顾客满意度下降、销售额和利润的减少。

5.2 服装商品管理与控制

服装买手对商品的管理与控制主要表现在前期计划、店铺销售管理、单款销售管理、价格调整和货品平衡等内容上，如图5-2所示。

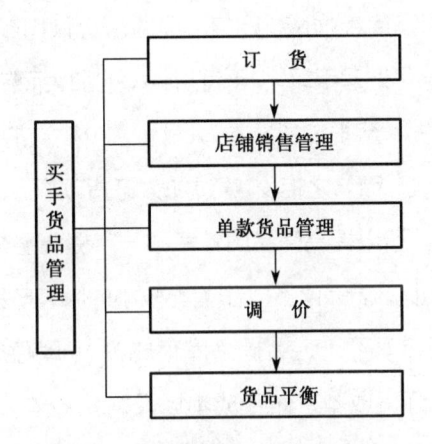

图5-2 时尚买手对货品管理流程

服装商品是店铺周转的载体，是企业通过买卖赚取利润的工具。合理的商品备货是指企业保持与正常经营相适应的、具有可行性的商品库存量。合理商品备货原则的中心是"合理"，要使商品的数量，既能保证销售业务的需要，又能避免积压保持商品周转的连续性。这种"合理"的界限，是对"勤进快销"原则的重要补充。因此，在进货的时候就要充分考虑商品结构的合理性，考虑商品周转的速度，把进货数量掌握得恰如其分，既不盲目加量，也不无限制缩小。对经营季节性强的商品，在进货时要掌握"迎季进货，季中补充，季末销光"的原则，以求商品结构和数量能保持合理。

（1）商品周转率

服装商品周转率是服装营销理论中的一个十分重要的概念。它关系到商品投放使用效率，关系到销售额，也关系到店铺乃至公司现金的使用状况。下面通过几个问题来全面认识一下这一概念。

第一，"转"就是"赚"，商品周转率提高可以带来现金流。现金流是企业运营生存的血液，对企业现金流管理水平的高低决定着企业的生存发展。企业不怕经营负债、不怕亏损,就怕现金周转不灵。资金链出现问题,企业将面临货品难以周转的难题,就会陷入破产、倒闭的困境。我们知道,商品周转率的提高将提升物流成本,物流成本的降低可以提高企业的利润率,但现金流的存在却可以保证企业长期生存,更重要的是,商品周转率增加一次所带来的利润增加,可能远远大于物流成本的增加。薄利多销这一传统经营理念体现在商品周转率与商品成本的关系上也是很恰当的。库存水平的降低导致了利息费用、机会成本的降低,同时也大大降低了仓库租赁成本以及库存报废、贬值的风险。而对于订货成本,由于目前企业很多采用ERP等信息化处理手段,由于订货频率的加大而带来的订货成本的增加是几乎可以忽略不计的。至于缺货成本,大批量、少批次的订货不一定就对应着不缺适销、热销货的状态,而与之相反,通过加大订货频率、提高供应的灵活性,反而有助于降低缺货风险,所以提高商品周转率不一定提高整个库存的持有成本,特别是对于那些单件价值比较高而体积、重量比较小的服装产品而言。

第二,提高商品周转率不一定会提高库存成本。库存成本除了购置成本之外,还包括运输成本、订货成本、储存成本以及缺货成本。通过加大交货频率提高了运输成本的同时,也有效地降低了储存成本,增加了产品投放市场的准确性,使得经营更加安全。

第三,提高交货频率不一定就能够降低库存、提高商品周转率。那种认为单单通过提高交货频率、牺牲运输成本就可以降低库存、提高商品周转率的想法是片面的。由于服装产品往往由很多成衣产品构成,如何根据不同物料的属性系统合理地规划整个商品结构,是整个商品管控的核心问题。在现实的生产及销售过程中,由于种种客观条件的限制,无限地提高交货频率是不现实的。

第四,运用数字分析判断商品周转率是否合理。很多时尚买手担心商品周转率的提高可能随之带来较高库存成本的同时,忽视了关键一点:店铺的商品周转率到底有多高?企业商品周转率的极限值应为多少?通常,商品周转率没有标准值,因为各个企业经营理念不同,融资渠道不同,项目周期不同,产品特性不同,因此周转速度本该就不同。为了确定商品周转率最好水平,只有与同行业或与本企业最好值相比找差距,只有通过对职能部门的考核,通过科学采样、测算后才能得出针对某店铺或者公司的合理的商品周转率值。

因此,买手应该辩证地看待商品周转率的提高与成本之间的关系,方可把商品管理控制到一个合理均衡的状态,实现企业效率与效益的最大化。

（2）商品周转率计算方法

① 平均库存

在计算服装商品周转之前，应先理解平均库存这一概念。平均库存（Average Stock）是为达到一定销售额而需要的存货标准。它反映了店铺或者公司在某段时间内的备货水平。因此，平均库存这一概念在使用时，需要在前面加上时间限制。

公式1：平均库存＝（期初库存＋期末库存）/2

半年平均库存＝（第一个月初库存＋6个月末库存）/7

公式2：一定时期内平均库存＝该时期内总库存／商品周转次数

它反映了某种货品、某段时间内投入和产出的关系。它揭示了现在零售业的误区：利润的最大化来自合理的库存管理，而不是盲目地提高营业额。而合理的商品管理的关键就是提高商品周转率。要让商品在手上动起来！

② 商品周转

商品周转（Stock Turnover）是指在一定时间内，手上商品被销售和被新货取代的次数，也可以理解为新货销售和补货的次数。商品周转也要有时间限制，可以是月商品周转、半年商品周转或年商品周转。在实际操作中，通常计算为半年商品周转。

计算公式：商品周转率＝销售额／平均库存

案例：某女装品牌下半年的销售数据如下

时间	销售额	库存量
7月1日		￥15 000
7月31日	￥10 000	￥22 000
8月31日	￥8 000	￥18 000
9月30日	￥12 000	￥25 000
10月31日	￥20 000	￥40 000
11月30日	￥15 000	￥30 000
12月31日	￥35 000	￥60 000
合计	￥100 000	￥210 000

该品牌在商场下半年的平均库存和周转率为：

平均库存：￥210 000/7 = ￥30 000

商品周转率：￥100 000/￥30 000 = 3.33

③ **不同产品类型的商品周转率**

服装商品由于不同的属性、经营模式和价格策略，周转率也相应不同。

- 女装＞男装＞服饰品
- 快销品＞时尚品＞经典类
- 平价品类＞中高档品类＞奢侈品类

④ **影响商品周转率的因素**

- 折扣
- 卖场库存数量
- 正确的产品组合和搭配
- 合理的尺码
- 库存流动速度

商品周转率反映了商品买入和卖出的频率，揭示了企业投入和产出的关系。不要为了提高周转速度打折，或为提高周转就减少库存量，这样会使店铺的货品不够丰富不能满足顾客的需要，两者最终都会降低营业额。

商品管理的各项指标代表着各种环节相互影响的关系，决不可"死用"，平衡各种因素是商品管理的最高境界。优秀的服装买手不可偏一废一，应结合企业特点，灵活运用。

5.3 制定合理的商品计划

5.3.1 商品计划的标准

服装买手在制定商品采购计划时，应从以下三个方面考虑：

a. 商品的容量：店面货架、仓库能容纳商品的数量；

b. 市场需求；

c. 周转率目标。

在实际使用中，SKU 的宽度决定了产品的种类是否丰富，但 SKU 的宽度与订货数量的深度是呈反比的，如表 5-1 所示。换句话说，当订货指标金额既定的情况下，产品 SKU 的数量越多，则单品的订货数量越少；反之，如 SKU 的数量越少，则单品的订货数量越多。科学、合理的 SKU 宽度既可以保证产品的架构组成丰富，又可以满足必要的商品数量，保证必要的库销比例，集中优势资源。

表 5-1 产品等级销售情况表

产品等级	A 级	B 级	C 级	D 级
SKU 占比	15%	35%	35%	15%
销售占比	35%	40%	20%	5%

5.3.2 设置合理的商品结构

① 商品结构

商品结构（Stock Structure）是指店铺中各种门类的占比、款式属性占比、系列占比甚至是款式、尺码、颜色占比等。商品销售比反映的是库存总量中出现的问题，但总量合理未必结构合理。商品结构是否科学、合理，能否符合销售的需求特点，是研究商品结构的真正意义。这项工作在流程上没有绝对的执行标准，时尚买手需要为销售决策提供指引商品结构分析的各类数据。

案例：某店铺商品结构

表 5-2 某女装店铺商品结构表

系列名称	销售数量	销售占比	库存数量	库存占比
连衣裙	1 665	47.53%	2 572	69.49%
套　装	977	27.89%	866	23.40%
长　裤	861	24.58%	263	7.11%
总　计	3 503	100.00%	3 701	100.00%

② 商品 SKU 深度与宽度测算

商品销售比反映的是商品的"量"，商品结构反映的是"质"。

商品结构反映了商品的组成特点,从多层面、多角度反映了商品组合的构成形态,如图 5-3 所示。

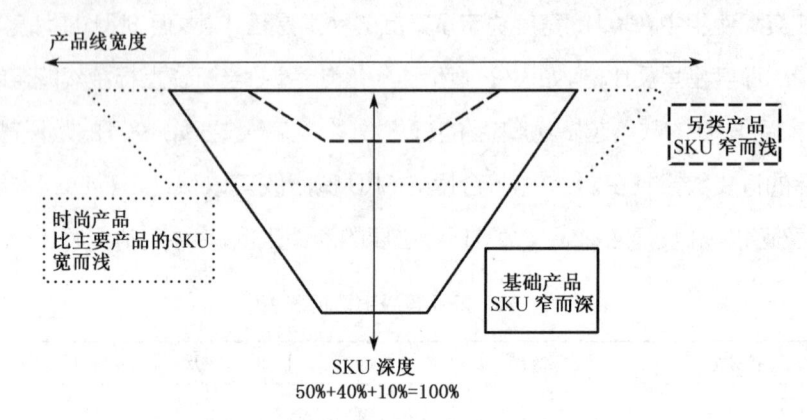

图 5-3 商品结构中 SKU 深度与宽度构成形态

- 商品宽度:每季所订的 SKU 数量
- 商品深度:每个 SKU 的平均订购数量
- 两者关系:商品数量一定,两者成反比

库存结构分析:

- 库存数量
- 库存质量

5.3.3 合理使用商品管理指标

(1)通过数据控制商品的进销存

当传统企业还在忙着 ERP 的升级、物流配送信息化、普及终端 POS 机的安装时,网络销售已在做数据库营销。网络销售的数据搜集之快、反馈效率之高,已经不是比传统模式快一倍还是两倍的概念。当呼叫中心或网站上接到客户订单确认的那一刻,数据系统就已经在同步进行着处理,由数据分析员将数据快速提取和分析,从中发现消费者购买规律和预测购买的潜在需求,整个这些步骤的实现几乎是没有时间差的。买手应该利用好数据库营销的快速优势,使数据分析的结果能够快速地应用并影响于产品规划组合。买手是将销售数据分析结果快速转化为产品计划的人,也只有买手才能充分发挥网购直销的速度优势。

过去,服装企业是先大批量生产出来产品再投放到市场上,至于产品会不会好卖，产品能否适销对路，那就要听天由命了。即使很多品牌是在代理商确认了订单之后才组织生产的，但代理商订货也是凭个人经验，究竟货品订回去会有多少畅销、多少库存，最后的区别无非是库存的风险是由厂家还是代理商哪一方来承担而已。利用网络直销的优势，买手可以先以最小批量生产，将款式图片投放于网页上，通过点击率决定是否进行大批量生产，利用互联网这个最快速度的市场测试途径，精准地进行产品生产和投放，有效地规避滞销款带来的库存风险。虽然目前实体店铺的试衣体验仍然是网络营销所无法取代的，但将来电子信息技术会有怎样的发展，是谁也无法预测的。网络营销在效率和技术上体现出的种种优势已经毋庸置疑。

（2）合理使用 KPI 组合分析

表5-3 KPI 组合分析

折扣率	售罄率	库存容量	分析结果
高	高	高	坪效高，销售能力强，但要注意存销比
高	高	低	缺货，丧失销售机会
高	低	高	货品过多，可能是货品深度过深
高	低	低	可能订货存在偏差，产品结构不合理
低	高	高	可能订货存在偏差，产品结构不合理
低	高	低	缺货，也可能处于调整期
低	低	高	订货水平过低
低	低	低	整体缺货，若在折扣店则较好

① **如何优化商品结构**

- 正确的比例（颜色、尺码等）
- 根据趋势增长
- 增加系列、数量或 SKU
- 减少销售不佳的类别
- 参照行业与竞争对手的信息

② **商品管理与控制的目标**

- 在不增加库存投入的基础上提升营业额，同时避免死库存；
- 在不减少销售额的基础上，减少损失，包括降价、断货和其他损耗。如图5-4所示。

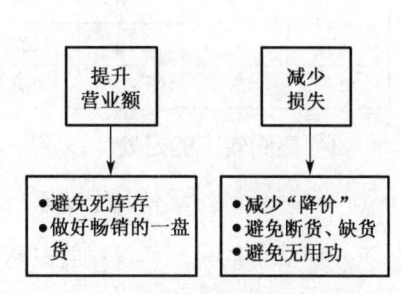

```
提升营业额              减少损失
• 避免死库存           • 减少"降价"
• 做好畅销的一盘货     • 避免断货、缺货
                      • 避免无用功
```

图5-4 商品管理与控制的目标

③ 随时优化手上商品结构——寻找新的增长机会

- 发掘现有店铺潜能
- 寻找市场中新的商品销售增长点
- 发掘新的销售渠道
- 预测未来消费者行为
- 通过商品管控提升店铺业绩

表 5-4 定量订单方式与定期订单方式比表

定量订单方式	不定期的下一定量的订单 • 稳定的消费 • 容易获得 • 比较廉价	经济的订单量	• 生产批量 • 配送经费
		安全的库存量	• 消费速度 • 库存经费
		追求成本利润	
定期订单方式	定期的不定量的订单 • 不安定的消费量 • 相通点少 • 价格较高	依据计划算出	依据销售预算
		依据预算算出	依据营业额预测
		对剩余量的把握和缩短从生产到上货时间,把握订单时间减少剩余库存	

表 5-5 库存数据后的机会——单店提升

系列	SKU数量	SKU占比	总进货数量	进货占比	总销售数量	销售占比	库存余额	售罄率
连衣裙	6	15.79%	155	16.01%	112	15.95%	43	72.26%
长裤	8	21.05%	212	21.90%	199	28.35%	13	93.87%
短裤	3	7.89%	90	9.30%	67	9.54%	23	74.44%
T恤	5	13.16%	76	7.85%	71	10.11%	5	93.42%
衬衣	3	7.89%	65	6.71%	52	7.41%	13	80.00%
开衫	2	5.26%	80	8.26%	35	4.99%	45	43.75%
风衣	3	7.89%	77	7.95%	23	3.28%	54	29.87%
西装	2	5.26%	31	3.20%	12	1.71%	19	38.71%
配饰	6	15.79%	182	18.80%	131	18.66%	51	71.98%
总计	38	100.00%	968	100.00%	702	100.00%	266	72.52%

④ 高周转率的好处

- 常新的货品有利于销售
- 顾客的兴趣和满意度提高
- 库存减少意味着管理开支降低

- 投资回报率提高,周转次数越多说明卖的商品越多,营业额越大
- 好的周转次数可以减少打折
- 周转快以减少维护费用(如衣服脏了要去洗)
- 资金流转快,有利于找到更好的市场机会

5.1.4 如何规避商品库存风险

(1) 严把前期企划和订货关

服装库存的规避是从采买之前的商品计划开始的。商品出现过剩、欠货、滞销这三种库存问题,都是由于前期订货的失控直接导致的。如果买手能够在商品企划阶段甚至之前就做好未来的商品计划,季末的库存问题基本上就不会发生或者是将库存保持在合理可控的范围之内。而库存控制的实现是在销售过程中解决的,在销售过程中,渠道商也要不断地做数据分析,根据不同的库存情况制定销售策略,通过对商品精细化的数据分析,可以更准确地把握商品销售进程、适卖款,制定补货规划等,实现管理效率与业绩效率的提升。

充分做好备货前的数据分析与准备工作,运用科学手段对产品的系列分布、上市日期、价格段分布做出合理的掌控。在具体操作中,通过以下几种方法在维持店铺形象的同时降低库存风险。

① 对于流行元素的把握要做到理智,并有自己的主见,要有这样的认识——好看≠好卖。

② 高端商品＝科技、材料附加值高或产品设计前卫＝产品针对性较强,中低端商品＝设计平和中庸且性价比较高＝适合广泛消费者。

③ 关注历史销售数据,对于延续款及经典款要做到"胆大心细"。过去畅销的款式应该得到更好的利用,因为这些款式都得到了市场的检验。

④ 不要因为控制库存就牺牲了款式的搭配性和系列的完整性,要保证整盘货品中有10%～15%的SKU是作为系列陈列或色彩搭配的功能出现,但这样产品的订货总数量不应超过总量的5%。

(2) 制定商品的管理指标

根据前面讲述,现代零售终端中的买手在做计划时应将主要的库存指标设定好。这些指标主要包括:

① 销售目标的达成率：一般买手店铺设定目标为95%～105%。销售目标的设定分别指年销售、季度销售、月销售和周销售指标。这些指标非常重要，它们是其他指标设定的基础，为备货提供可靠基础销售数据。

② 售罄率：售罄率是某个款式，或者某几个款式的销售量与采购量的比率，时尚买手店铺通常将售罄率控制在50%～80%。售罄率的设定直接影响到库存的管理，售罄率越高，该款越畅销，库存控制越好。

③ 商品周转率：周转率的重要性前面已经说过，对时尚买手来讲，快速的周转次数是良好的库存管理基础。4～6次/年是适中的指标，Zara的周转率平均在7次/年左右。正常买手店铺以每季周转一次为标准，也就是一年4次，周转率低于一年4次的将影响利润回报和增大库存风险。

④ 商品销售比：存销比的设定决定了店铺投入货品的数量。特别是对首次铺货的店铺，这一指标尤为重要。时尚买手通过往季销售业额和平均库存关系决定这一指标，也可以根据周边店铺的销售情况参考设定。产品的时尚度也影响着销存比，偏时尚类型产品的销存比较低，偏基本类型产品的销存比较高。通常买手店铺销存比在3～3.5之间为高效，在1～1.5之间为无效，在4～4.5之间为有效，在4.5以上为过度浪费。

服装买手在实际操作中，应将各种指标进行综合使用，取得平衡。

- 综合分析：如图5-5所示。

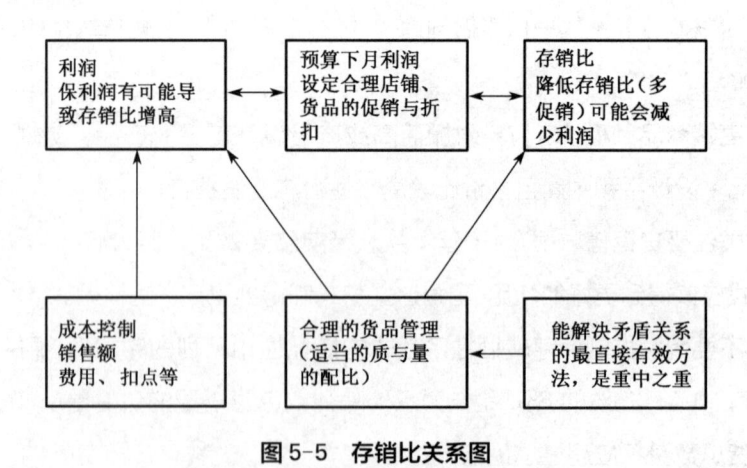

图5-5 存销比关系图

- 利用有限的资金创造最大效益，如图5-6所示。
- 提高存销比给买手店铺带来的影响，如表5-6所示。

```
          高销售额        高毛利润
            ↑              ↓
        ┌─────────────────────┐
        │    以良好库存为基础    │
        └─────────────────────┘
```

图 5-6　资金创造最大化

表 5-6　提高存销比给买手店铺带来的影响

现在	优势 加速资金周转 较少库存积压	弱势 可能降低折扣
将来	机会 未来的库存结构更加合理 保持良好的发展速度	威胁 可能造成短期利润损失 影响店铺形象

- 提高折扣率给买手店铺带来的影响，如表 5-7 所示。

表 5-7　提高折扣率给买手店铺带来的影响

现在	优势 减少库存 达到销售目标 店铺形象明确	弱势 可能降低折扣 利润率降低
将来	机会 加速资金周转 保持良好的库存结构 OTB 充足	威胁 售罄完成过早可能造成缺货现象 有逃单现象出现

- 通过制定各类促销策略达成销售目的，如图 5-7 所示。

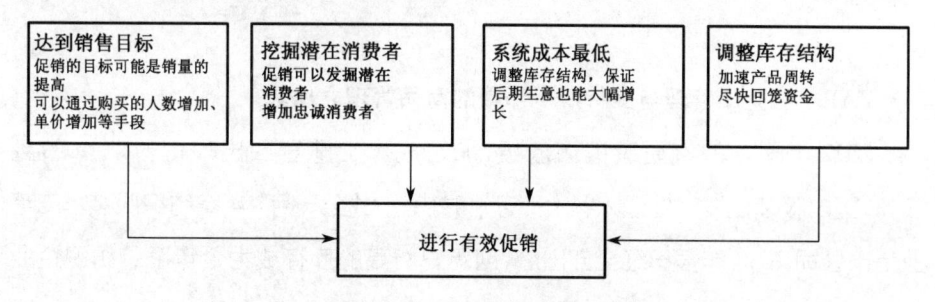

| 达到销售目标
促销的目标可能是销量的提高
可以通过购买的人数增加、单价增加等手段 | 挖掘潜在消费者
促销可以发掘潜在消费者
增加忠诚消费者 | 系统成本最低
调整库存结构，保证后期生意也能大幅增长 | 调整库存结构
加速产品周转
尽快回笼资金 |

　　　　　　　　↓　　　　　　↓　　　　　　↓　　　　　　↓
　　　　　　　　　　　　进行有效促销

图 5-7　制定各类促销策略达成销售目的

（3）买手店铺的分级管理

针对不同类型的品牌、不同价位的产品，货品周转效率不一定都是越快越好。例如，对于经典正装产品，市场变化较慢，顾客对款式更新的频率要求低，年周转率达到3至4次就可以了，过快的货品周转频率反倒会使品牌的价值感贬值。相反，如果是快速服装产品，市场变化快，价格低廉，顾客对款式更新的频率要求高，年周转率应该达到至少6到8个左右的周转。周转率只是体现了货品的流通状态，并不能表明商品在售出时的利润情况。

在进行店铺分级时，应主要参考店铺营业面积、营业额、客流、货品流通情况，根据它们将店铺分为A、B、C或者一、二、三级店。在大区域或者店铺数量较多时，也可以分为四个甚至是五个层级。如果考虑到店铺销售品类的差异性，还可以继续细分，例如A级正装店、A级休闲店和B级正装店、B级休闲店等。

也有公司会按照自己的使用习惯，将店铺划分为旗舰店、主销店、帮忙店等，或者按照功能性划分为形象店、主力店、折扣店。无论如何划分，新货品的流通应该以保证销售额较高、形象较好的店为前提，为各个店铺配给适当数量和规格的货品。无论新开店的营业额是否达到了一、二类店铺的标准，新开店铺应该作为一、二类店来进行货品分配。

总结：商品是买手店铺周转的载体，未来商品管理的趋势是库存水平、销售目标和空间分布三位一体。买手不应害怕库存的存在，更不应盲目追求零库存，合理、良性的商品结构才是可以实现的目标。

案例

ZARA的商品管理与美特斯·邦威的商品管理之比较

2012年国内的春夏装销售放缓，加之成本上涨导致出厂价普涨10%到15%，国内服装批发产业迈入"大库存"时代。截至5月，84家纺织服装、皮毛业上市公司2011年报已经全部出炉，创历史新高的库存成为今年服装纺织企业普遍遇到的问题。数据显示，去年84家上市公司合计库存达708.32亿元，比2010年增长了25%。其中，有72家公司的库存超过亿元，12家公司库存过10亿元。

服装零售巨头Inditex：Inditex近年超越了美国GAP、瑞典H&M成为全球排名第一的服装零售集团，2011年集团净销售额同比增长10%，达到137.9亿欧元，其中ZARA所占份额达到64.8%。集团净利润也因此较去年上涨12%，达到19.3亿欧元。Inditex在中国42个城市的门店总数达到了275家，其中ZARA达到了120家。

曾一度高调表示叫板ZARA、H&M的美特斯·邦威，力推新牌ME&CITY，但近日位于上海黄金商圈淮海路旗舰店的悄然关门，让美好理想变成残酷的现实，据粗略估算这2 000平方米店铺年租金就高达五千万，而大店模式产品种类、库存管理、货品周转率、零售技术管理的能力将直接表现在库存上。

美特斯·邦威是内地最早提出要学习ZARA"快时尚"的品牌，但它同样逃不脱库存增长快于销售增速的命运。2010年一季度，美特斯·邦威的存货仅7亿元，2011年一季度，美特斯·邦威的季末存货达到了31.6亿元，上升幅度超过300%。今年一季度虽然稍有改善，但库存仍为23亿元，营收额为26亿元，库存量仍占营收额的88%以上。

申银万国报告显示，美特斯·邦威2012年春夏新款库存约为2.5亿元，2011年秋冬款库存为7亿元，这些可以视为正常运营库存，但其余可视为过季商品。而2011年美斯特邦威的净资产为41.3亿元，其2012年一季度末的过季服装库存，就占了其净资产的30%左右。

美特斯·邦威这样模仿快时尚模式，打破了一年两季的局限，上货时间快、平价和紧跟时尚潮流。它们通过平价、直销降低价格水分，以快速增加的终端销售网络来实现规模扩张。

当中国ZARA们对后期市场过于乐观，而没有精确的数据支持其进行对订单、库存、SKU（库存进出计量单位）的匹配，就很可能出现生产量的大跃进。一旦它卖得不够"快"，库存便大量积压。

平价服饰品牌的"库存危机"只是一个表象，反映这个行业经历十年高速发展后逐渐暴露出品牌、供应链管理和渠道政策上的诸多问题。

一般来说，库存范围在10%至20%被视为安全库存，这是服装企业可控范围之内的。而要使库存量处于安全范围关键是实现产销信息的对接，实时关注市场信息，并对市场信息加以处理分析，形成以周期为单位的销售排行，对销售量高和低的款式分别罗列，从而把握市场具体情况，对库存量实行调整。

总结：服装行业的周期和其他产品不同，服装从设计到推向市场的平均时间为一年到一年半,但是服装系列的销售周期为两到三个月,生命周期为 1~2 个月。

本章小结

- 服装作为商品具有门类、款式、价位、尺码、颜色材质和组合等属性;
- 服装买手应掌握商品门类的宽窄与深浅以及分级等商品组合的手段;
- 提高店铺的库存周转速度可以提高营业额和资金使用效率;
- 合理使用服装销售业绩指标(KPI)可以有效地降低商品库存风险。

思考题

不同类型的服装的商品销售比有何不同?

练习题

有两款货品,A 进货是 100 件,B 进货 70 件,在上市满 1 个月时,A 销售了 70 件,B 销售了 50 件。请问:如果现在能进行补货的话,应选择哪一款进行补货?为什么?

参考答案:A。从售罄率来看,B 似乎更高一些,达到了 71.4%,而 A 的售罄率为 70%,但这种情况下我们更应该关注的是销售绝对数量更高一些的 A。(当然,最好的选择是对这两款都进行补货。)

第 6 章 服装买手辅助销售

本章要点

- 服装买手的渠道选择
- 买手店铺与商圈
- 服装买手辅助销售
- 客户关系管理与维护

学习目标

1. 知识目标

通过本章学习,使学生对买手店铺的渠道选择有一个基础的认识,对不同定位的买手店铺的商圈选址应该注意哪些问题,对主要渠道的各个特点进行了分析;此外,通过让学生了解服装买手在辅助销售方面的职责,使他们掌握零售店铺客户关系管理与维护的基本原理。

2. 能力目标

通过本章学习,学生能将买手店铺销售渠道调查、辅助销售以及客户管理维护的知识结合起来,融会贯通,在实际操作中帮助买手店铺正确选择商圈、支持店铺销售,以尽量小的商品投入换取利润的最大化。

6.1 销售渠道选择

6.1.1 传统销售渠道

买手制店铺的传统销售渠道有三种：百货商场、街边店和大型购物中心，销售渠道的选择对于时尚买手店来说至关重要。

（1）百货商场

百货商场是最传统的主流零售业态之一，它所贡献的零售额，尤其是服饰方面的零售额，在当今主要零售渠道中所占比例依然最大。外表看似一样的百货商场，其内部运营还是有很大不同的，至少可以分为联营和自营两大类。前者通过租赁和品牌联营模式与服装生产商合作，风险共担，利益共享。这一模式的特点是投入较少，风险低，操作管理简单。我国大部分百货商场都在使用这种运营模式，并在初期得到了快速的扩张和发展。

但是商场与品牌联营模式长期经营下来容易变得缺乏个性，同时养成了商场对品牌生产商的依赖性和对市场的反应迟钝。商场像谨慎胆小的收租婆一样通过招商把品牌带到商场中，除了收取与面积有关的场地使用费、物业管理费和保底抽成外，几乎对商场内各品牌的运营、宣传、形象缺乏控制力。我国当今百货商场的品牌重复率高，同质化竞争激烈的原因也是由于这种原因造成的。

百货商场自营模式是商场买断品牌生产商的整个系列或者部分产品，自负盈亏。这种模式的特点是投入大、风险高，但由于是商场自己采购货品，因此可以突出商场个性特色和主题风格，也是最适合服装买手发挥特长的经营模式。自营模式的百货商场多是定位消费较高的时尚人群，比如像香港的IT、Joyce这类精品买手店，以及像伦敦西区的Selfridge、纽约Bergdorf Goodman、巴黎Printemps等优秀的连锁百货商场。她们通过独特的定位、前沿的服装买手笼络了大批年轻时髦的顾客。

境外或国外买手制的百货商店多年来一直试图进入中国市场，例如21世纪初，香港连卡佛百货商场相继在国内开设了四家店铺，但是由于她们的商品价格不低,却不如奢侈品影响力强,又不如其他百货商场品牌大众化,再加上入驻时无法得到较好的位置等原因使得这种模式无疾而终。可见,过于依赖百货商场的买手模式,由于商场抽成率和运营费极高,保底销售额高,回款周期长,特别是较为强势的百货,让买手品牌这些针对小众化人群很难维持生机。2008年北京奥运会前夕,香港连卡佛百货第二次采用自营模式进入北京金融街,这种和国际上通用的买手运营模式更加接轨的模式在近几年的操作中,收到了较好的效果。

(2) 街边店

街边店最突出的优点是可以更好地展示店面形象,同时店铺管理主动性高,不受商场制约。通常街边店有自己的独立的橱窗和门头,店内面积也会比百货商场大很多,装修也不受百货商场过多限制,同时使用时间也长。个性化较强的时尚买手店铺很适合选用这种零售渠道,因为这种模式的门槛低,而且广告宣传力辐射力度大,很容易吸引人流进入店铺。特别是自主性高,比如可以随意地播放适合自己品牌定位的音乐,员工也可以穿着特制的工作服,关店时间可以自主调整等等。这对时尚度高、有个性的时尚买手店来说都是特色的显现和个性的张扬。

选择街边店零售渠道的最大困难有两条。一是前期投资大,因为街边店一般都要预付一年甚至更久的租金,这对实力不强的买手店铺来讲压力很大。二是位置好的店面很难找到,一些店主要花几年时间找一间适合的店铺。近几年,地产价格大幅升高,沿街店铺的租金越来越高,而且接收店铺普遍还要交纳很大的一笔转让费用,进一步增加了买手店的前期投资压力。再有,由于没有统一的管理制度,街边店的管理难度相对比商场高,对规范、安全等各个方面管理都需要买手亲自完成。

(3) 大型购物中心

大型购物中心(Shopping Mall)初现于20世纪中叶的美国,相对于百货商场来讲发展时间较短,但是增长速度很快。我国从20世纪末开始出现大型购物中心,至今发展近二十年,出现了像万象城、大悦城和万达广场等众多大型连锁模式的购物中心,极大地影响了我国零售业态的发展和布局。对买手模式的店铺来讲,大型购物中心的大规模出现为其选址增加了更多的渠道选择。再加上,其综合了百货商场和街边店两者优势的经营模式,似乎为买手店铺提供了最优的选择。同时,我们也要注意,高额的租金、不成熟的社区和杂乱的招商都是目前国内大型购物中心潜在的风险。

6.1.2 新型销售渠道

(1) 网络销售

网络销售,是通过因特网进行服装等产品的分销活动,即电子商务(E-commerce)。20世纪末电子商务就已经发展起来,直到2009年美国金融危机爆发,经济萧条使得人们回归平价消费,网购价格显示出的吸引力刚好迎合了这样的趋势。市场变了,消费者变了,销售通路根本的变革也随之而来。近几年在百货零售业低迷、出口颓势愈演愈烈之际,网络销售业务却以其独特的渠道创新模式异军突起,刚好利用了当前服装业产能过剩的先机。

网络销售模式是典型的轻资产运营模式,从后台供货系统上来看,它是把生产和物流环节尽量外包,只做采购、批发、零售等环节的商业化运作,节省出大量的时间和资金成本投入到产品和服务中去,从而对传统零售模式带来较大的冲击。同时传统的服装品牌运营机制大多是以制造业为基础的,是以技术开发和生产制造为核心的工业化管理体系,与网络销售模式存在很强的互补性。

(2) 网络销售模式下服装买手的作用

对应网上销售模式,时尚买手在其中发挥巨大的作用。可以实现轻资产运营模式下诸多外部供货链资源的最优化组合,更加充分发挥"轻"的优势,时尚买手与销售环节零距离互动,产品投放时进一步发挥互联网快速、直接、准确的优势。

(3) 买手在网络销售模式中的工作

① 销售数据的统计

由于网络营销过程汇总所有的操作记录直接被数据管理软件记录,因此对于买手来说,数据的统计比实体店中的要容易和方便多了,而且数据录入准确率高,连退货率、满意度和客户的忠诚度都很容易统计。但网店销售数据的统计方法与店铺销售不同,网店的数据统计是运用订单量和成交量两种数据来表述销售的状况。订单量指单一货品接到顾客订单的数量总和,成交量指货品由顾客保留下来真正成交的数量总和,某一款式的订单量和成交量往往会有很大悬殊。

买手可以轻易地通过网络服务器任意调出某款的图片和相关数据，甚至能与当季接近款进行数据对比和外观对比，得到充分控制实现每一组数据都是可比较和分析的，这样能清晰地了解每一系列的产品生命周期。通过了解到订单量最高的款式、成交量最高的款式以及滞销的款式，然后就畅销款和滞销款进行分析，开始制定新款开发计划，同时列出整个季节的产品企划与采购的历史衔接，计划各个环节需支出的预算，新产品的开发和生产的时间进度等。

② **辅助网页的平面设计**

时尚买手需要校对新款的排版和每个款式图片的颜色和文字内容。虽然时尚买手的工作不直接涉及到款式的拍照程序，但介入排版和拍照的过程是非常重要的，因为拍照效果的好坏会直接影响到销售数据。网页上整个版式设计是否吸引人也直接关系到是否能使消费者产生购买欲望。颜色的校对对于网店销售更是至关重要的，因为通过图片上的颜色和面料质感难免会和原样衣有些差距，这就很容易导致消费者认为受欺骗，最终要求退货。

网页设计的环节就好比店铺中的商品陈列工作，买手需要把握商品的最佳展示状态确保能足够吸引顾客，同时又不会同实际情况相差太大而导致退货率增加。在规模大一点的公司网页设计和拍照将会是一个独立的部门，这个部门所扮演的职责相当于店铺陈列师的功能，在实体店铺中陈列人员和销售人员直接从买手的订货单中拿到部分计划内的商品，进行橱窗设计与陈列布置；而在网络店铺中，陈列转化为网页设计与拍照工作。因此网络销售中，时尚买手必须具备一定的美术设计以及影像处理功底，将最好的网络载体包装以最佳状态展示给网上顾客。而且每一个工作环节都需要认真仔细，因为每一个已经登在网页上的错误信息都会导致销售的损失。

③ **货品的描述**

网络销售的时尚买手需要把拍照的新款资料以及每一个款式在网页上所摆放的位置和大小给网页设计人员。由助理买手提供每一款产品的款号、号型、成份、价格、系列主题的描述、推广促销的信息等细节用于拍照的样衣。这个就相当于在实体店铺中向销售人员传达货品信息，将整个产品系列的主题思路、流行趋势等较为准确地传达给消费者。

④ 竞争品牌的调研

时尚买手比较重要的工作就是竞争品牌的调研，实体店中时尚买手通常需要乔装打扮或者伺机偷拍，而网店的时尚买手只需动动手指就能省去了很多体力，无需迈开双腿跑市场才能完成竞争对手的调研，而且网络店铺的信息相对比较全面，无时间限制，24小时随时都能调研。

⑤ 跟进货品

时尚买手要与版师和助理沟通样衣、大货的具体进度及细节。一般来说，样衣到后，需要请试衣模特和版师，通过试衣让版师记下修改意见。同时需要核实到货日期并将大货信息转交网络销售部门。

（4）买手模式下网络销售的优势

① 成本更低

作为网络店铺买手模式成本的降低主要体现在将传统的人力工作实现计算机自动化。依托互联网平台和计算机系统买手以往的市场行为、业务活动以及管理问题，都可以通过计算机自动化系统完成并自行生成可分析的数据库，人力成本大大节约，而且流程管理更为精确，运转效率可以显著提高。网络店铺依靠网络平台，不但省去了高昂的租金费用，而且省去了装修费用、大大减少了运营成本。

② 更便捷

在传统的购物方式中，消费者可能因为上街离家太远，或者没有时间上街购物，而且随着工作压力的日益加重，交通的拥堵，越来越多的消费者为求购物方便、实惠的价格、便于比较而选择在网上购物。网络可以提供24小时的服务，不受时间的限制，消费者可以随时查询货品信息，伴随着网络银行和支付方式的快捷，在网上购物已经是一种非常便捷的方式。不用拎着大包小包的疲惫不堪的逛商场，快递会及时将货品送上门。

③ 实时数据管理

和传统服装品牌营销模式中的代理制、加盟制不同，网络销售渠道是从网购经营商垂直投放到消费者，即所谓的 B2C(Business to Customers) 模式，没有一级代理加盟、二级代理加盟这样的中间环节去削弱产品投放和调剂力度，更没有从仓储中心通过货运物流再到卖场这样的运输环节产生的时间差，延误产品上货和调剂的速度，网络销售实现了最短的货品投放直径。基于减少了中间环节的优势,时尚买手更容易观察货品上市后的市场反应,也更方便地查看库存和销售情况,从而在第一时间进行畅销款补单和滞销款折扣处理的动作,对于库存周转效率的管理甚至可以比 ZARA 的反应链还要高效。

(5) 网络销售中服装买手容易遇到的问题

① 退货率高

由于是看图片订货,顾客无法对货品进行实地的触摸、试穿,只有在订购回家后才能判断服装是否合适。所以销售环节中的退货率会远远大于店铺销售,通常会在 50%以上,顾客往往会订购好几件服装,然后从中只选择一至两件进行购买。导致高退货率的原因有很多,顾客或许在收到包裹后就改变了主意,或许订购很多件只为了选择一件最好的,或许顾客订购的号型尺寸不合适,或许顾客认为实际的货品没有图片上的效果好等。

② 安全问题

为了最根本地改善网上购物资金交付的快捷性,同时保障交易流程的安全性,很多大型的电子商务网站都将原有的电汇、邮局汇款、银行汇款方式转变为了将资金直接通过网上银行或加入第三方来交付。网络是一个极度开放的平台,他的安全性也同时受到多方面的影响。比如,在数据的传输方面,一旦数据传输系统被攻破,就有可能造成用户的银行资料泄漏,并由此威胁到系统的安全性。另外,计算机上网络病毒的攻击也是一个不可忽视的因素。现在的互联网技术发展日新月异,有一部分人专门在网络上制造病毒来达到自己的各种不良目的,一旦消费者在网上购物时警惕心不高或是网络防范不严,进入了预设的病毒程式,就会导致计算机病毒通过网上银行入侵到银行的数据库系统,从而造成数据丢失等严重后果。随着网上购物普及化的趋势,安全性的问题将会存在下去,需要对其进行不断的提高。

③ 物流问题

网购都是通过快递将货品送达到消费者手中,网络的时尚买手店铺都是有个性,且相对其他网络店铺的价格贵,需要有品牌形象所支撑,但现在我国物流企业规模小、基础设施差、物流系统效率低、综合水平不高,总是出现不能及时送达、货品损坏及丢失和服务态度差等问题。对于网络买手店铺来说,物流是他们所提供的一种服务,但是我国绝大多数物流企业对于服务的认识程度还远远不够。差的物流会降低顾客的满意度及降低品牌形象,这对做小众的买手店铺是极其不利的,但拥有自己的物流,配送成本会增高,并且存在难管理的问题。

6.1.3　买手店铺商圈选择

（1）设定商圈的战略意义

俗话说:"一步三市",店址→潜在顾客→销售收入。 店址的选择即是商圈,指以时尚买手店铺其所在地点为中心,沿着一定的方向和距离扩展,那些优先选择到店铺来消费的顾客所分布的地区范围。 如果选择百货店通路时,要考虑百货店所处的商圈位置,但百货店里面的位置选择余地不大,很多是因为别的品牌没有达到销售保底的金额,最后选择退出所空余的位置。 如果选择街边店通路时,所要考虑的就是商圈的选址问题。

时尚买手的销售活动范围通常都有一定的地理界限,也即有相对稳定的商圈。 不同的时尚买手店铺由于经营商品、交通因素、地理位置、经营规模等方面的不同,其商圈规模、商圈形态存在很大差别。 买手店铺的小众化,特别是在刚开始起步还没有拥有固定客源的时候,商圈的选址对时尚买手店铺是相当重要的。 即使是同一个品牌的买手店铺,在不同商圈可能会导致销售额有着巨大的差别。 因此应将店址视为一种重要的经营资源,慎重选择和利用,其意义体现在以下几个方面。

① **买手店铺运营的基础**

商圈的选择分析是新设专卖店进行合理选址的基础,是新开卖场选址的前提。 任何时尚买手店铺开业时总会力求选择一个拥有较大目标市场的地址,在有效范围内吸引更多的目标顾客。 这首先就需时尚买手明确商圈范围,了解商圈内人口的分布状况以及市场、非市场因素的有关资料。 在此基础上,进行经营效益的预测,衡量卖场地址的使用价值,再按照设计的基本原则,选定适宜的地点,使商圈、场址、经营条件协调融合。

② **有助于制定竞争经营策略**

在日趋激烈的市场竞争环境中,买手店铺不能仅仅运用降价促销的手段进行竞争,应该广泛采取非价格竞争手段。 买手店铺为取得竞争优势,第一步就要选择正确合适的商圈,经营者通过商圈分析,可以帮助买手明确哪些是基本顾客群,哪些是潜在顾客群。 力求在保持基本顾客群的同时,大力吸引潜在顾客群,制定市场开拓战略,不断延伸经营触角,扩大商圈范围,提高市场占有率。

（2）商圈调查的步骤

商圈规模大小各异，表现形态也是多为不规则的多角形。为便于分析，通常是以商店设定地点为圆心，以周围一定距离为半径所划定的范围作为商圈设定考虑的因素。但对服装买手店铺而言，其商圈范围则除了周围的地区之外，对于交通网分布、停车情况、周边个性时尚店铺以及百货商场等竞争格局的分布与数量都必须列入考虑。顾客利用各种工具即可容易来店的地区也应被纳入商圈。

商圈调查，就是经营者对商圈的构成情况、特点、范围以及影响商圈规模变化的因素进行实地调查和分析，为选择店址、制定和调整经营方针和策略提供依据。下列是服装买手调查商圈的基本步骤：

a. 明确调查问题。在开始调查之前，调查人员必须明确调查的目的和要求。应根据要调查的商圈情况，拟定需要了解的内容，然后判定调查的目标，以便调查能合理进行。

b. 初步情况分析。确定调查目标后，往往还会有很多繁杂的问题，这时就需要对这些问题进行缩减。通过能马上了解的一些资料（如竞争店的地理位置）进行删减，以缩小调查的范围。

c. 进行正式调查。当有了初步资料后，就要通过访问专家，向精通本问题的人员了解信息并了解用户意见，制定调查方案。方案内容包括调查哪些资料，由谁调查，用什么方法进行调查，在什么地方调查，在什么时间调查，调查一次还是多次等。调查时还要选择正确的调查方法，主要包括询问法、观察法、实验法、访问调查等方法。

d. 资料整理和分析。资料收集完后，要对其进行编辑整理，检查调查资料是否有误差。误差可能是统计错误、询问设计不当、访问人员偏见、被询问人的回答有问题等。在整理资料时，要把错误的信息剔除，然后把剩余的资料分类统计，最后得出结论。通过分析资料，决定是否开店，在哪里开店，什么时候开店等。以上四步是商圈调查的基本步骤。

（3）竞争对手的商圈分析

服装买手店铺偏个性，不是一般的大众所能接受的，只有依附于竞争对手的附近，形成时尚个性特点集群的商圈，才可能有更多的客流量。因此分析竞争对手店铺是非常重要的。

调研竞争对手的分布图，服装买手店铺的竞争对手不一定是买手店，只要是时尚有个性的品牌就可以，并且找好竞争品牌附近空的店铺，几个符合要求的店铺地点后，要调查竞争对手的店铺位置，从而决定选择哪里的店铺位置较好。

① **街边店商圈调研**

首先应调查竞争店与本店的距离。如果竞争者的货品与之类似的同时，货品稍逊色的话还有价格的优势，则可以考虑选择离竞争店较远的地点。如果与竞争品牌的货品类似，自己的货品和价格方面都略胜一筹的话，则可把自己的店开在竞争店的旁边，让顾客能很快通过对比来了解你的产品优点。竞争对手的产品直接关系到本店的产品。在开店前，一定要了解竞争店的产品结构、产品类型、产品价格等，从而决定自己店铺应购进的产品类型。对产品的调查，要从多方面入手，如产品类别、主力商品、辅助性商品和关键性商品等等。了解竞争对手的产品类别及市场占有率，可以决定自己的店应卖哪种服饰为宜。如果竞争店的市场占有率高，就应避免与竞争店的产品太类似，这样不容易打开销路。相反，可以选择不同档次和品种进行经营，以实现客源共享、经营互补，有效地吸引顾客，让顾客在光顾竞争店的同时也来到自己的店铺。

② **百货商圈调研**

百货店集合了各个品牌，创造了一站式购物的环境，满足了消费者多层次的需要。而且有名的百货商圈除能满足人们购物需求外，也成为大家公认的地理标志。如果对百货商圈进行调研，要对百货商业业态的货品结构和客群结构，对自身品牌的定位与商场定位进行对比分析。是想在大树下好乘凉还是想避开重要的竞争对手，则要通过针对大商场的调查结果而定。

（4）选址的基本原则

注重有效客流量是决定生意成败的一个重要因素，但了解客流的消费目标，是更为重要的工作。在开店以前要研究的，不是每天有多少客流，而是在这些客流中，店铺的"潜在顾客"或者说"有效客流量"是多少。有效客流评估指标包括客流量的稳定性、人群结构的固定性、客流动线的合理性等要素。社区型商业的有效客流主要以常住人口特征与流动人口的结构为参考，商业圈或专业市场则要看整体商业氛围。如前面所讲，商圈的性质决定了商铺投资定位，而人群特征又决定了商铺的投资收益情况。如校园经济圈的客流以学生为主，CBD商圈以商务人士和上班族为主，专业市场主要以特定消费群为主，客流量结构不同，消费能力会有天壤之别。此外，选址时还需要考虑客流的主要流动方向，尽量选择客流主流向的一侧开店。

根据主营商品来确定地址，营业地点的选择与主营商品及潜在客户群息息相关，各种不同类型的服装品牌往往有着不同的特性和消费对象，商业繁华区并不是唯一的选择，比如体育用品店除闹市区外还可开在大学校园附近等。这要求经营者首先要对自营的产品及目标消费群体有个清醒的认识，知己知彼，方可制胜。地点的不同对销售业绩的影响很大，而且对不同地点的顾客应采取不同的营销对策。所以，如果店址的特征与店铺的类型、风格相匹配，就是好店址，反之就不是。

成行成市的相关店铺汇集在一起，有助于提高相同目标消费群的关注，人们一想到购买某商品就会自然而然地想起这条街。因此，选择同类服装中知名度较高的品牌比较集中的商业区，消费者的购买目标很明确，既能够提升店铺的形象，又有助于提高店铺人气。根据城市中环境、商圈、街道要素的不同，客层定位不同，在店铺选址时，要根据客层的定位和品牌的定位确定店铺地址，选址地点要和品牌定位相协调。有时甚至可以考虑和对手联合，以多家客群相似、风格互补的品牌联合创造市场。

业态互补互动性就是指业态之间可以优势互补，体现在各自业态对客流的交换性，要么产生竞争行为，以规模化形成商圈特色，要么分享客流，相互促进，使商圈内客流产生最大效益化的利用。商业业态定位的互动性和互补性，对商圈的整体氛围和可持续性发展起到非常重要的推动作用。如果两者都做不到，则未来的投资与经营会有很多不确定性，投资收益就不能正常保障。繁华的商业圈往往是包括了商务写字楼、商业街、银行、影院、购物中心等众多业态的集合，因为这些业态之间有很好的互动性与互补性，彼此之间都能为对方带来客流和商气，这样的商圈才是良性而健康的。

主力店效应。一个大型百货商场、购物中心将带动周边的商业物业全面升值。主力店周边商铺的经营主要是"寄生"业态，它本身不具备聚客能力，所以也不具备商铺升值的潜力，只有借助主力店的作用才能充分挖掘其商业价值，使商铺做旺并不断升值。

品牌店效应。在选址时，看是否有一些强势的品牌进来，也是一个很重要的参考因素。这主要有两方面的原因：一是品牌客户对商铺的选择有严格的商圈评估标准和计算方法，所以他们选择的商铺从经营和发展的潜力上讲，肯定是有保证的；二是知名的品牌客户本身具备聚客能力，会影响商圈的形成。反过来，一家经营有品位的产品的正价店，应尽量避免与经常打折的店面为邻，以免受到牵连。

服装买手在店铺的选址时还要注意很多细节。例如，店铺的朝向也非常重要。如果店铺的朝向是南方或者西方，那么在漫长的夏季里，火辣辣的阳光会赶走很多客人（室内步行街或顾客主要在傍晚以后进店的店铺除外）。此外，直射店铺的阳光会增加店铺夏季空调的费用以及加快店内模特及装修的损耗速度。在客流方向上，最好在客流来向的右手边选址。由于中国交通规则和行走习惯的原因，大多数逛街的人会走在右手边，因此，店铺进口方向右手边的货架陈列比左手边更重要。

店铺产权关系以及租金给付情况更是细节中的重点，买手可以通过正面的谈话及与附近经营者的攀谈了解房东的背景。如果店铺确实为理想地段，为了达成长期的赢利及压低房租的目的，应尽量签订长期合同。再仔细分析租金等各类费用，与店铺销售预期进行比较，得出是否能够赢利，如不能，应该果断放弃。

（5）商圈调查分析

① 基本信息的调查

在确定了商圈的基本位置后，选址者应对预选地址的商圈进行详细的调查，包括商圈的总体要素和竞争店的情况。其中需要调查的要点具体如下：

- 固定人口数：是指居住在商圈内的住户数量。
- 人口密度：是将区域内居住人口数除以土地面积所得出的每平方公里居住人口数。人口密度越高越适合开设店铺。
- 人口增加率：指随着城市发展而增加的人口数，例如新开之市镇、新区等会有许多外流人口进入。
- 职业、年龄、教育程度、所得：不同的职业、年龄的人对于商品的需求偏好角度有所不同，同样的教育程度也有此情形。而商圈内人口所得也直接影响到人们支出额度及店铺消费的单价。
- 交通：交通因素亦非常重要，因为交通可以带来大量的流动人口，提高商圈内的消费能力。换言之，便捷的交通关系着人潮，也关系着业绩的成长。
- 消费习性、生活习惯调查：不同的消费习性与生活习惯对产品的种类、组合及需求有所不同。

- 大楼种类：不同的大楼有不同的客户。

② **商圈竞争调查**

- 区域分析

把地区再分成较小的分区或分片，评估在每一分区或分片内的需求与供给因素，得出区域市场吸引力。同时对交通条件进行一个评估，停车场所、出租车的客流量、公交车线路、是否是单行线或步行线。

- 测量区域竞争程度

竞争店的个数、性质、资金规模、营业面积、目标顾客、商品构成、价格策略、促销活动、店面陈列等等，最后寻找出竞争对手。

- 商圈竞争店情况调查

包括选地、用地、店铺构造、商品策略、店铺计划、运营管理等内容，商品能力、店铺调查、店铺运营管理调查等。

- 竞争店分析

竞争店分析是开店前的必要准备工作，是业态选择和形象定位的重要基础。

- 商圈饱和度分析

从客流规律分析客流类型：自身客流是专程来店购物的顾客，分享客流是从临近商店获得的顾客，派生客流是顺路进店的顾客；同时分析客流的目的、流速、滞留时间及其街道两侧的客流规模。根据客流规律来分析商圈的饱和度。

③ **商圈潜力分析**

- 人口统计分析：人口数量、人口密度、人口职业构成、家庭规模、男女性别比例、人口年龄比例、教育结构、小区规模等。
- 经济基础、购买能力分析。
- 竞争状况分析。
- 商圈客流量调查与分析。
- 消费调查与分析。
- 顾客消费倾向分析。

④ **城市结构调查**

即对该地区设施、交通状况、活动空间等环境和将来的发展计划做调查。

- 地域。

- 交通。
- 繁华地段。
- 各项城市机能。
- 城市发展计划。

⑤ **适合买手店铺的位置分析**

- 独立店铺。

特点：不与对手相邻。

优点：无竞争对手，租金低，能见度高，车位充足，有扩大规模的潜力。

劣势：若规模不大就难以吸引顾客，对规模要求比较高，建设费、广告费用等较高，顾客不愿前往。

适用于：综合超市、仓储超市等，也适合经营买手店铺。

- 中心商业区。

商业网点最密的购物区，吸引整个地区的消费者。

优点：具有商业群体效应，吸引更多、更远的顾客。

交通方便，客流量大。

劣势：开店费用高，环境拥挤，停车困难。

适用于：产品线不多，附加值高、形象要求高的店铺，适合经营买手店铺。

- 社区商业区。

繁华度低于中心商业区，主要面向某区域的消费者。

优点：人员不太拥挤，交通便利，租金适中。

缺点：商品不均衡，难以吸引较远的顾客。

适用于：各类连锁店铺开设中小型规模店铺，适合经营买手店铺。

6.2 终端辅助销售

终端是指产品销售渠道的最末端，是产品到达消费者完成交易的最终端口，是商品与消费者面对面的展示和交易的场所。通过这一端口和场所，厂家、商家将产品卖给消费者，完成最终的交易，进入实质性消费；通过这一端口，消费者买到自己需要并喜欢的产品。终端是竞争最激烈的具有决定性的环节,在终端柜台货架,各种品牌在这里短兵相接,如何吸引消费者的眼光和影响消费者的购买心理是终端工作关键所在。

在瞬息万变的市场环境变化下,服装零售终端已不再是以往的卖方市场时代,越来越多的服装零售经销商觉得生意不如以往那么好经营了——企业前景暗淡、企业利润和企业规模不断萎缩,生意越来越不好做。而在这些问题的背后,最重要的因素就是服装零售终端的销售技巧和导购员管理明显跟不上这个买方市场时代。服装零售终端销售业绩的提升成了众多从事服装零售管理人员的一大难题。要解决这个问题不是一件困难的事,一般拥有专业的时尚买手团队来辅助终端销售,业绩能得到明显提升,买手在这里所起的作用是不可估量的。

6.2.1 买手对店员培训辅导

(1) 产品信息

很多内销品牌企业只做产品研发和生产,零售环节实际上是代理商在做,即使是直营店也实行订货制。如果在单纯的制造业模式下,这种产品和生产绑在一起、销售环节孤立在外的格局是没有问题的。但当很多制造型企业向零售环节延伸形成产销一体的格局时,由于运营重心和管理格局发生变化,这种产品和销售相互脱节的运营流程的不适应性便暴露出来。产品研发部门在缺乏市场信息的情况下闭门造车,销售部门在不了解产品信息的情况下进行销售,信息传达不畅,市场反应效率低下的管理状况已经是有目共睹了。

消费者在购买的过程中,希望对商品做更多的了解,但很有可能得不到令人满意的答案。相关信息有时很少,即使销售人员时刻准备着为消费者服务,但是他们往往又缺乏相关的知识和信息。不仅是销售人员缺乏这样的信息,有些店长同样不了解相关信息。百货经理和部门经理更多地关注雇员的工作日程、解决顾客投诉、协调重新分配店面空间和综合管理他们所负责的部门和集体。

尽管买手和店内的服装顾问对产品了如指掌,但是那些直接与消费者打交道的人并不一定了解同样的相关信息。入驻百货店的买手店铺,百货店中的销售人员,往往侧重于店铺的管理或者销售方法,而销售人员对于产品的了解是极其有限的。买手负责培训销售人员使其更多地了解相关货品信息,及时更新货品知识,把相关信息准确地传递给销售人员,这样终端销售才能实现更好的销售。

（2）培训销售人员提供客户服务

销售人员的重要作用就是一旦顾客踏入店门，就要设法使其成为店铺的客人。但销售不是销售人员唯一的责任，销售人员的责任还有向顾客提供舒适的购物环境、创造愉快的心情、提高店铺形象、发现顾客需求并成为商家与消费者之间的沟通桥梁。销售人员是店铺的核心，商品特色介绍和优质的顾客服务都需要营业员来向顾客提供。

普通销售人员与专业的销售人员对店铺所起的作用大不相同。前者只是将顾客领到试衣间，将不需要的物品放到货架，承担收银工作；而专业的销售人员可以通过特殊的询问技巧确定顾客的需求，并能保证提供满足顾客要求的商品，在需要的时候解决问题，而且能够及时地调整陈列用具来吸引和巩固顾客，这些工作会给店铺带来更多的回头客。

客户服务，向顾客提供愉快的购物经历和使他们成为忠诚顾客的方法很多，诸如为等妻子试衣的丈夫提供一把椅子；当顾客试衣时，为带孩子的顾客照看小孩；从另一分店为顾客调取所需商品；帮助拿东西多的顾客上车等。这些服务都不难做到，但店铺从中可获得顾客的信赖，对营造忠诚顾客非常有益。

许多零售商绞尽脑汁地想通过一个积极形象、适当的商品搭配、有创意的广告、促销活动、视觉表现等方法来使得店铺别具一格。虽然所有这些都是提高店铺形象所需的，但缺乏主动和耐心的销售人员会毁掉全部。店员不适宜的穿着、无法正确理解顾客需求、不太得体的话语、缺乏与消费者的有效沟通，这些都会毁掉零售商费尽心思制订的店铺形象推广的全部计划。

（3）建立消费者与商家的桥梁

服装买手虽然可以通过多种途径收集信息来为研究市场、制订采购计划和购进对公司最适合的商品服务，但服装买手更能了解顾客的动向和消费趋势，没有一种途径能像买手那样去了解和熟悉顾客了。ERP等软件分析能告诉你最畅销的款式、最流行的颜色、最有利可图的价位、减价的服装尺码以及最好的廓型，但它无法告知和分析存货销路不好的原因。店员是顾客与商家之间的桥梁，他们了解顾客的好恶、商品的情况和顾客的意见。有经验的零售商懂得营业员在销售方面的重要作用，并会定期地向他们了解其他途径所不能提供的顾客信息。有人认为优秀的销售能力是天生的,事实上有些人在这方面是有天赋,但更多的人是通过花费时间和努力学习来获得成功。完美的专业销售人员拥有能为公司增加利润的重要品质。

6.2.2 促销方案的制定

目前,国内的消费群与国外相比尚未完全成熟,对于买手店铺这一新兴运营模式店铺,有很多消费者还并不熟悉。因此,有时店铺应针对性地制定一些促销方案来吸引更多的消费群体。

促销,常常会给人以打折的错误认识,如图6-1所示。促销实质上是一种店铺与客人之间的沟通活动,即服装买手发出作为刺激消费的信息,传递到一个或更多的目标消费群,以影响其对品牌的态度和消费行为。

图6-1 店铺促销广告设计

(1)促销传达的手段

促销手段是时尚买手关注的重要环节之一。现代买手店铺经营活动的成功,不仅有赖于正确的商品策略、价格策略和服务策略,更需要利用有效的促销方法,开展有目的、有组织的促销活动。适合商品形象的促销方式会提升商品在消费者心中的品牌形象,提高销售业绩;而不成功的促销活动则会起到相反的

作用。

促销是一种以加快销售速度为主要目的的营销手段。服装买手掌握一手销售数据信息，从采购预算、商品组合，到加成倍率、售罄率、商品周转等整个流程。他们非常了解商品的畅销和滞销程度，因此买手制定打折促销方案，会更加明确哪些可以打折，打什么折扣。

需要说明的是：不仅只有打折才能促进销售，还可以通过事件性营销、微博营销、新媒体营销、广告营销等方式，甚至可以选择多种方式进行交叉组合式的促销手段。对于滞销品和库存的促销，买手选择打折的形式，对于新品则可以请明星做相关的事件性营销进行推广。服装买手为了提升品牌形象达到促进销售的目的，有时需要使用一些意想不到的促销手段。例如，现在刚刚兴起的临时店铺（POP-UP STORE）营销模式，如图6-2所示。通过这样的事件营销提升了品牌形象，同时扩大了知名度，不失为一种综合了各种优势、交叉组合的促销策略。

图6-2 临时店铺（POP-UP STORE）报道

（2）促销的作用

服装买手基于对市场和消费群体的了解，掌握了商品销售的一手信息，通常由他们决策或制定辅助促销方案。

① 刺激需求

把设定商圈的顾客吸引到商店来或扩大交易范围，增加购买人数。

② 确定形象

随着市场上商品日益丰富，消费者通常难以辨别或察觉许多同类产品之间的细微差别，这就需要时尚买手加强与公众之间的促销沟通，宣传本产品能够给消费者个性需求的满足，从而树立品牌形象，吸引消费者注意。

③ 信息的传达

向消费者提供情报资讯，介绍新货品、新活动、新服务给固定顾客，告诉顾客商店的促销活动，推广关联性或额外的商品给顾客。鼓励潜在的顾客参观商品的展示，鼓励顾客尝试购买。

④ 沟通

时尚是需要沟通才能传达给消费者的，有些消费者不懂时尚，但她们有自己对时尚的理解。沟通对买手店铺来说是非常重要的，只有知道顾客的需求才能更好地为消费者服务。因此促销已从过去单纯的活动转变为营销沟通，摆脱了过去纯粹为提高业绩而举办促销的局限。

⑤ 稳定客源

店铺业绩的提高与市场的占有，需要与顾客建立长期关系。促销可以促进顾客对店铺形象的好感，营造卖场活跃的气氛，可以适时提供诱因回馈顾客，使顾客乐于上门。促销增进了与顾客沟通的机会，和客户形成长期关系，稳定客源。

6.2.3 顾客管理与维护

（1）CRM 客户管理系统

① CRM 的定义

客户关系管理（CRM，Customer Relationship Management），如图 6-3，是利用现代数字化技术，协调改善店铺与客户的关系，从而实现利润升值的管理理念与软硬件管理系统。它可以使销售流程简化，降低成本，增加利润。买手店铺的 CRM 系统是服装买手将销售与服务一体化，对客户的数据进行收集和分析，寻找潜在的客户，向客户提供个性化的产品和服务，对市场、顾客的变化可以及时反馈和调整。

从提升零售终端顾客满意度，提高零售终端业绩的角度来看，顾客服务应包括三大方面：顾客服务氛围、顾客服务礼仪、顾客关系维护。当然我们的服务群体也有特定的人群，从近年数据观察发现，对于同样的维护方式取得的销售却并不明显。

因此要解决这个问题唯有对顾客群体进行分类，利用CRM客户管理针对不同类别的顾客进行有针对性的服务。将顾客进行分级管理，完善熟客档案，持续跟踪，保持良好的客户关系。

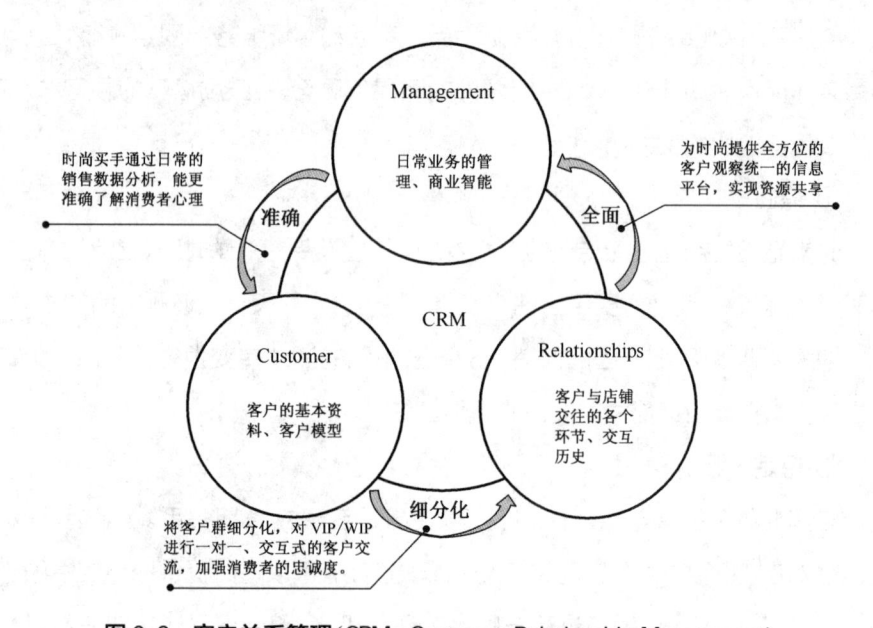

```
                    Management
                    日常业务的管理、
                    商业智能
时尚买手通过日常的
销售数据分析，能更              为时尚提供全方位的
准确了解消费者心理   准确    全面    客户观察统一的信息
                                    平台，实现资源共享
                    CRM
        Customer              Relationships
        客户的基本资              客户与店铺
        料、客户模型              交往的各个
                                环节、交互
                    细分化        历史
将客户群细分化，对VIP/WIP
进行一对一、交互式的客户交
流，加强消费者的忠诚度。
```

图6-3　客户关系管理（CRM，Customer Relationship Management）

② 服装买手应用客户管理的优势

a. 避免缺乏有效的客户信息

服装买手对客户信息的收集工作可以说是比一般管理人员强，从理性与感性相结合对市场信息的收集和顾客分析往往是非常的准确，因为他们常常考虑和分析客户的需求和行为，掌握了市场的最新动态，而其他多数是从交易和技术出发，因此，收集到的客户信息往往不是最有效的。

b. 客户数据的深入挖掘和分析

服装买手深通各方面的数据分析，无论是他们需要进行采购还是辅助销售时，他们都会理性地结合各个数据做出精确的判断。通过辅助销售时，亲自接触客户，对他们深入的挖掘分析起到了很大的作用。

c. 计算客户生命周期价值

服装买手对产品的生命周期了如指掌，对货品和消费者动态更是分析透彻。

通过销售或服务实现预期利润,计算客户生命周期价值,其包含以下多种因素的组合：消费金额和频率、风格偏好的波动、促销的影响值、逃单率等。

d. 有效的客户细分

服装买手的工作通常都是数据的处理分析,能通过这些数据将客户细分化,更多经营现有的顾客,培养潜在顾客,巩固维护 VIP/WIP 客户。对各类客户细分后做出战略性营销方案和调整产品的组合,满足目标消费群的不同需求,达到利益最大化。

（2）客户的挖掘维护

① **潜在顾客的挖掘**

MAN 法则：你打算把你的产品或者服务销售给谁,谁有可能购买你的产品,谁就是你的潜在客户。潜在客户至少具备以下三个条件,即"MAN"法则。M：MONEY,代表"货币"。潜在客户必须有一定的购买能力,这是最为重要的一点。服装买手店铺中的货品具有少量而个性的特点,因此定价不便宜。A：AUTHORITY,代表"购买决定权",进服装买手店多数是年轻人,如果他们经济还没能独立,他们的父母是最终决定购买者,如果他们不接受,现阶段无法实现购买,但是可以作为客户群来培养,一旦他们的经济独立后,就能成为目标消费群。N：NEED,代表"需求"。对于走在时尚前沿的消费群,过于大众化的商品是无法接受的,买手店铺应迎合这部分特立独行、有个性、对时尚敏感的潜在消费群。

② **VIP/WIP 客户的维护**

VIP(Very Important Person),直译为"非常重要的人",通常称为高级会员,现在更多的是 WIP(Very Very Important Person)的维护管理。对于时尚买手店铺来说,VIP 和 WIP 都尤为重要。喜欢个性时尚的毕竟是小众人群,而这些人群几乎都消费力较强,他们对时尚的品味较高,大众化的服装已经完全满足不了他们的需求。因此对他们的来说,撞衫率小、时尚个性、符合他们品味风格的服装才能打动他们。虽然如此,每个顾客仍有自己独特的风格和审美,根据 2/8 原则,有 20% 顾客创造了 80% 的销售额,所以需要时尚买手不断的管理和关系维护,可以通过以下几个方式。

a. 通知新品上市

服装买手要很清楚每个 VIP/WIP 的消费品味和风格,同时通过销售数据,将其细分归类,当新的货品上市时,买手可以根据不同的喜好通知新品上市,例如,哪类的 VIP/WIP 的消费群比较中意的品牌上市,可以通过微博、微信等方式,将新品的图片发送给他们。

b. 问候与关心

服装买手必须不断地加入新鲜血液,保持时尚的活力,这不仅仅体现在货品中,同时也应体现在服务、推广、关系维护等方面。 在 VIP/WIP 的生日或者节日时,多数是用短信的形式且都是非常老土客套的话,而时尚买手可以通过新媒体、自媒体等形式,发送祝福和虚拟礼物等,不但新颖而且能打动他们的心;还可以当天气有变化时,进行温馨提示,同时推广适合现在天气的货品。 例如:"Hi,潮人,明天要下雨了,当心变成'潮湿'的人哦,想要在雨中潮一把么? 来看看最近新款时尚的伞吧,保证能让你在雨中潮 high!"

c. 关注动态

时时刻刻关注 VIP/WIP 的动态,可以通过销售数据分析,最近他们风格喜好是否有转变;可以通过新媒体、自媒体等关注的方式,了解他们的兴趣取向,甚至了解到他们关注什么样的时尚。 这样有助于时尚买手为各个顾客有针对性地推荐和帮助自己更准确的采购。

d. 针对性的促销活动

可以针对 VIP/WIP 顾客制定相关促销活动,以显得他们身份尊贵。 例如可以通过 VIP 专场、沙龙、派对等形式,来维护巩固他们的忠实度。

(3) 客户管理维护的重要性

服装买手通过客户管理维护,了解顾客满意程度。 满意度是指顾客的期望值与现实情况对比的差距,即满意=期望—实际。 客户是否对时尚买手店铺满意一般从五个方面衡量:一是个性时尚,二是性价比,三是视听感受,四是服务感受,五是顾客的关系维护。

通过客户关系维护可以分析出影响客户的满意度所存在的问题,若不进行客户的管理维护,可能因为某一细节问题而慢慢失去一个个客户。 通过建立的客户管理,可以有针对性的营销,如果实际情况大大超过了客户所期望的,顾客是会非常的喜悦和有惊喜感,此时,他们就有可能成为潜在的 VIP,甚至将会影响周边的人群,挖掘更多的潜在顾客,形成口碑传递式的营销,如图 6-4 所示。

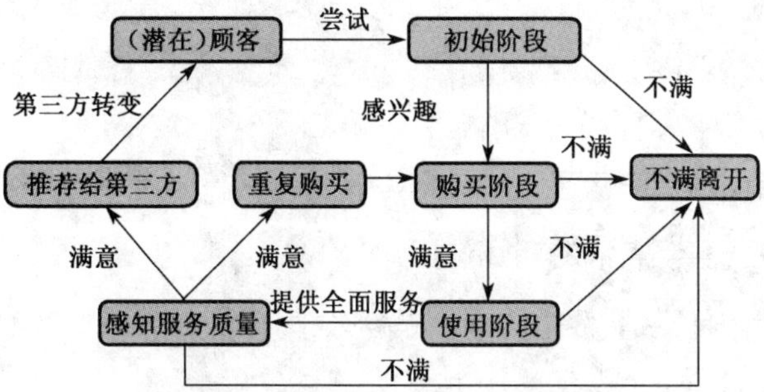

图 6-4　影响客户的满意度的关系图

有利于测定企业过去与目前经营质量水平，并有利于分析竞争对手与本企业之间的差距。

了解顾客的想法，发现顾客的潜在要求，明确顾客的需要、需求和期望。

检查企业的期望，以达到顾客满意和提高顾客满意度，有利于制定新的质量改进和经营发展战略与目标。客户满意包括产品满意、服务满意和社会满意三个层次。其中产品满意主要是产品的质量满意、价格满意。产品是个整体概念，也包括三个层次：核心产品、形式产品和延伸产品。产品的质量也可分为三个层次：当然质量、期望质量和魅力质量。"未来竞争的关键，不在于工厂能生产什么样的产品，而在于产品所提供的附加价值。"而附加价值就是指产品的包装、服务、广告、顾客咨询、融资、送货、仓储、品味、消费者精神需要等。事实证明，我国许多优质产品滞销的根本症结，恰恰出在产品非物质形态——形式产品、附加产品的环节上。而具有魅力质量的产品和服务更加吸引客户，易于培养客户忠诚，形成竞争优势。

本章小结

- 买手店铺的销售通路有：百货商场、街边店、大型购物中心、网络销售；
- 商圈选择的步骤：定位、通路的选择、调研、分析；
- 服装买手辅助销售的工作内容是：培训销售人员、制定促销方案、客户关系管理与维护。

思考题

1. 买手店铺选择销售通路的依据是什么?
2. 如何进行买手店铺的商圈选择?
3. 简述什么是促销,促销的作用是什么?
4. 买手在哪些方面培训销售人员?
5. 服装买手如何进行客户关系管理与维护,同时还需要注意哪些问题?

第 7 章 当代服装买手三大关注

本章要点

- 服装买手应关注库存、视觉营销和媒体推广
- 服装买手应掌握库存管理 KPI 值
- 服装买手应掌握如何进行视觉营销和推广

学习目标

1. 知识目标

通过本章学习,了解当今服装买手需要关注的三大问题:库存、视觉营销和推广。首先,对库存管理应有正确的认识——了解不同阶段平衡管理库存的方法和手段;其次,了解买手如何运用视觉营销手段提升品牌和进行店铺宣传;最后,了解并掌握服装买手运用新媒体手段进行推广的渠道和方法。

2. 能力目标

让学生从买手职业角度正确看待库存问题,掌握库存产生的原因和容易造成的危害,了解处理库存问题的常规技巧,增强买手抵御库存风险的能力。让学生熟悉店铺进行视觉营销的多种手段,适合买手店铺的陈列方法,掌握不同季节、不同主题和定位下终端创意及展示制作的基本技能。了解新媒体和传统媒体推广手段的区别,学习使用新媒体对店铺与产品进行推广。

对当代的服装买手来说，有三个他们时刻要面对的难题。一是过量库存已经成为影响店铺发展的大问题。销售业绩的飞速发展，往往以库存不断增加为代价，销售连年翻番，利润却不增反减。"辛苦一整年，赚了一堆积压货"的现象往往让买手无可奈何。二是买手精心挑选的商品由于店铺终端的同质化形象，变得乏善可陈。三是身在信息飞速传播的时代，如何快速、有效、低成本地宣传和推广自己的品牌和店铺。在解决了前期采购的诸多问题之后，这三个后面环节的难题同样值得服装买手深入研究。

7.1 服装买手与库存

库存是服装企业永远绕不开的难题。进入21世纪后，快销品牌当道，电子商务发展迅速，这些新的经营模式都容易使服装企业的库存问题更为严重——服装商品研发、上市和销售速度的大幅加快加剧了原本存在的库存风险。

7.1.1 服装库存的概述

（1）什么是服装库存

服装库存是指服装企业生产、销售过程中暂时或长期处于闲置状态的储存面辅料、成衣或半成衣。一般情况下，人们设置库存的目的是防止物品短缺，整合需求和供给，分摊订货费用，维持各项活动顺畅进行。比如，当顾客订货后要求收到货物的时间即缴纳周期比企业从采购材料、生产加工，到运送货物至顾客手中的时间要短的情况下，为了保证按期交货，避免违约，需要填补这个时间差，从而必须预先库存一定数量的该种商品。

服装店铺在商品管理中库存是为达到销售的目的所买入的货品。从广义上来说是财务账面上显示的商品总和，从狭义上来说是过季、滞销的产品。人们常把滞销的服装称为服装库存，使其蒙上了贬义的阴影。对服装库存的错误理解使得对不同类的货品产生了偏见，容易导致错失产品销售机会。正确的认识是——库存是指为达到未来销售目的所买入的产品。其实库存本身没有"好"与"坏"的分别，更是一种工具。管理得当，就会带来收益；管理不善，就会造成损失。没有资金采购新的货品或者无法预留合理的足够空间陈列新的货品，陈旧化的货品影响了品牌形象，降低顾客的忠诚度并导致顾客流失，最终就会严重影响到销售业绩。

（2）服装库存分类

从开始时，库存在本质上是"有用的货品"。买手采购商品的目的是为防止未来销售中的尺码和颜色的短缺，就像向水库里储存水一样。另外，还具有保持生产过程连续性、分摊订货费用、快速满足用户订货需求的作用。不同的库存类型管理方式相应不同，在企业生产中，尽管库存是出于种种经济考虑而存在，但是库存也是一种无奈的结果，它是由于人们无法预测未来的需求变化，才不得已采用的应付外界变化的手段。库存细分化控制的目的是在满足客户服务要求的前提下，通过对经营过程中的各种类型库存数量进行控制分析，力求降低库存数量，提高物流系统的效率，以强化企业经营的竞争力。

服装买手应从不同的角度对库存加以分类。

① 从服装库存状态可分为静态库存和动态库存

静态库存是指暂时处于储存状态的库存，而动态库存是指处于制造加工或运输状态的库存。

② 从经营过程可分为店内库存、订货库存、生产库存

店内库存是指在店铺中陈列摆放出来及店铺备货仓库中的货品。订货库存是指签订采购合同的那一刻起，虽然没有实质性的货品库存。生产库存，是指处于加工状态以及为了生产的需要暂时处于储存状态的裁片、半成衣或成衣。

③ 从销售策略角度可分为季节性库存、促销库存、滞销库存

季节库存是指为了满足特定季节中的特定需要而建立的库存，或者对季节性出产的原材料在出产的季节大量收购所建立的库存。促销库存是指为了应对促销活动产生的预期销售增加而建立的库存。滞销库存，是指因过时、过季或者价格过高而卖不出去的或因货品破损、变色等情况导致货品销售停滞的库存。有的服装商品还存在一种投机性库存，是指为了避免因面辅料价格上涨造成损失或为了从价格上涨中获得利润而建立的库存。

不论如何分类，服装库存本质上都是前期资金的投入。库存作为零售店铺为满足顾客需求，实现目标销售额所贮备的货品，不管在哪里，都会表现在财务帐面上。因此，从企业或者店铺付钱的那一刻起，就应该开始计算它们到达店面的时间,以及它们被售出的时间差。

7.1.2 服装买手与库存管理

买手模式下,服装买手通过运用制定采购计划、上货波段调控、周转率控制、合理库存量计划等手段,实现对进货、销货和存货的管理,以达到货品的定期更新和有效周转。

服装买手对服装库存的管理需要特别谨慎。单单依靠控制仓储数量的传统方法来管理库存是不够的,对库存的管理应该是贯穿于整个需求与供应链大流程各个环节的管理,尤其是控制以下几个要点:市场预测与订货计划、上货计划与交货期、库存预测与计划、安全库存设定与监控、货品投放与调剂、周转率、快速反应。

在买手模式下的服装企业中,库存的源头是买手采购的货品或者是利用买手模式进行新产品开发出的产品,一名优秀的买手在采购后开发时就会考虑到如何合理地管理库存,而买手的采购企划在管理库存中起到了关键作用。服装买手对市场的把握和对流行趋势的把握还是比较准确的,买手的采购企划可以调节各个环节之间由于供求品种及数量的不协调而发生的变化,再把采购、生产和销售等经营的各个环节连接起来时起桥梁的作用。

当今市场上,充满各种流行趋势与款式样式,每个产品细分市场都存在激烈的竞争,服装买手在其中起到的作用十分明显。买手将采购或开发任务分解为定位、组合、推广和销售等环节,并在过程中不时计算库存水平和新到货数量、周转率、投资回报率、售罄率等指标,以避免产品积压,尽可能少投入货品来完成营业目标。买手的存在意义就是将库存尽量控制到最合理、最小值的SKU层面,保持最低的库存数量以减少资金的积压,节约成本,同时维持合理的库存数量避免畅销的产品断货、断码的情况,以提高客户满意度,减少逃单率。只有严格地把控销售的货品数量、尺码、颜色、款式、门类等才能合理地管理库存,买手完成了商品的采购计划之后,最终实施采购就成为一件水到渠成的事情。

7.1.3 常见的库存问题

库存普遍过高制约服装业的生存与发展,我国几乎所有服装企业都受到库存过剩的困扰。就因为这样的原因,企业都把库存视为一种拖后腿的绊脚石,而恰恰相反,库存正是利润的来源。但我们现在面临的问题非常多。

① **库存与品牌形象问题**

在零售终端经常会发现这样两种店铺:第一种店铺的陈列像艺术品展览,给人一种高雅但又高高在上的感觉,品牌形象极佳,如图 7-1 所示。第二种店铺堆满货品就像一个仓库,给人一种廉价但亲和的感觉,如图 7-2 所示。为什么我们总会看到一些店铺像仓库一样,货品堆积如山,摆放凌乱,一些店铺总是在打折,产品摆放杂乱,这不仅仅是陈列的问题,更多的是涉及到商品企划。

图 7-1　陈列像艺术品展览般的店铺　　　图 7-2　堆满货品的有仓库感的店铺

② **库存与资金流问题**

销售人员为了提高业绩而大量备货,或是厂家大量生产畅销的货品。在年底一算账,营业额虽然提高了 10% 之多,但是过后企业发现没有足够的现金去采购开发生产新一季的货品。很多企业到最后"只见库存不见钱"。

③ **补货问题**

当某些时尚款式即将售罄,但消费者对此时尚款的热情不减,那到底是否需要补货,这通常都是服装买手比较纠结的地方,如果不补货,那就眼睁睁地看着竞争对手把自己的消费群吸引走,但补货又却可能由于商品到货过晚变成库存。而且,为售罄所有的积压品还可能必须实行降价策略,最后品牌形象受损仍然面临着客户的流失。补货的量配比、补货周期时间、补货的风险值,这些都是服装买手判断是否补货的依据。但更多的服装买手都尽量限制再订货规模,并仅关注那些似乎最具持续销售潜力的款式。在销售过程中,可以通过推荐其他款式来弥补销售额。

④ "零库存"问题

"零库存"曾经是一个很热的话题，引起过争议。从服装买手角度来看，所谓"零库存"永远只是一种可望而不可及的境界，是一种纯粹理论上的假设。当我们辩证地看待商品周转率的提高与库存成本之间的关系时，发现在目前的物流与供应链管理条件下，实现零库存的可能性无限趋近于零。在假设可以做到准时生产（JIT）零库存的前提下，作为库存成本中关键部分的运输成本被加大，带来的商品周转率的提高就可能显得不值。因此，合理库存才是我们追求的目标，而不是"零库存"。

什么是合理库存？库存是不是控制得越小越好？事实上，控制库存不是把库存控制到最小状态，而是要把库存控制到一个合理均衡的状态：既无过剩库存，也无欠货库存，还无呆滞库存。

总结来看，导致库存积压的原因有很多，根据店铺、品牌的不同定位，对货品的库存数量应有不同的要求。服装买手不应病急乱投医，应该更好地分析原因和有效管理库存。

7.2 服装买手与视觉营销

视觉是人接触事物最直观敏感的感受，因此，视觉是品牌外在包装的总和，服装买手希望借助视觉媒介提供的信息来宣传和推广店铺以及品牌的定位、风格和气质，视觉在这里成为了一种特殊、有效的营销手段。

7.2.1 视觉营销的作用

视觉营销早期的概念是展示，即"Display"，其含义侧重于艺术化的陈列商品，是为达成营销的目标而存在的，是将展示技术和视觉呈现技术与商品营销的适当结合。服装买手采购商品供给市场，通过展示辅助和促进销售。换句话说，视觉营销是以传递信息、启迪思维，用直观而生动的形式与受众进行沟通的。它帮助顾客建立形成一个对品牌的整体印象，使顾客产生兴趣、偏爱和信任，从而引起购买的欲望和动机，如图7-3。它始终以提高品牌知名度、增加销售业绩、建立品牌忠诚度为目标,密切关注目标消费者的审美与心理,以合适的方式传递合适的信息给合适的人群,创造品牌附加价值。

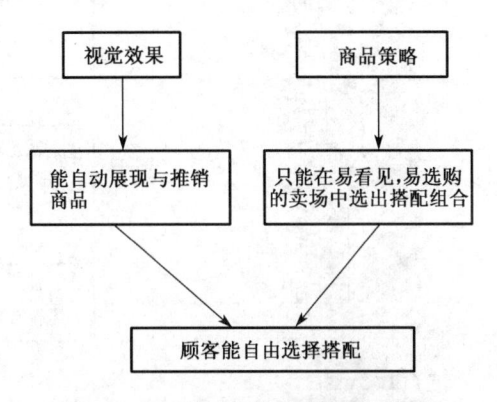

```
    视觉效果              商品策略
       │                    │
       ▼                    ▼
  能自动展现与推销      只能在易看见,易选购
     商品              的卖场中选出搭配组合
       │                    │
       └──────┐      ┌──────┘
              ▼      ▼
           顾客能自由选择搭配
```

图 7-3　视觉效果是顾客购买的桥梁

今天,服装业内用 Visual Merchandising 取代 Display 来表述视觉营销,目的是突出其商业企划功效。它已成为针对商品、服装品牌或服装公司有关的一切可视物进行的统一视觉识别表现和标准化、专有化,更重要的是美化。服装买手将视觉营销与服装促销组合(广告、销售促进、人员销售和公共关系)结合起来,达到营销传播、交流的目的,从而使消费者在购物过程中得到附加的享受。

因此,视觉营销在服装营销中的作用主要表现在两个方面,一方面连接产品与终端,通过视觉化的环境设计、产品组合、规划、搭配、空间氛围的营造,将服装产品系列的风格与设计特点以最佳的视觉效果展现于销售终端;另一方面,它把店铺和产品的理念、文化、含义、独特的销售卖点,通过广告、网站、推广用品等媒介用视觉语言形象生动地演绎出来,创造故事来吸引、告之顾客,从而激发顾客的潜在购买欲望。视觉营销是把商品嫁接到终端,并与顾客连接的一座桥梁,离开了这一环节,买手与顾客的沟通将变得失色,甚至无效,不利于产品销售。总的来说,视觉营销的效果直接影响顾客对服装商品的感受与认知,是店铺理念表达与传播的重要平台,如图 7-4 所示。

7.2.2　服装买手与视觉营销

在时尚行业中,特别是在零售环节中,视觉营销不仅指终端卖场的陈列,而且包括综合运用平面、立体、网络、静态、动态等多元化媒介,通过策划、推广、管理等过程形成一个丰富而完整的品牌营销体系。这个体系包括:店铺空间设

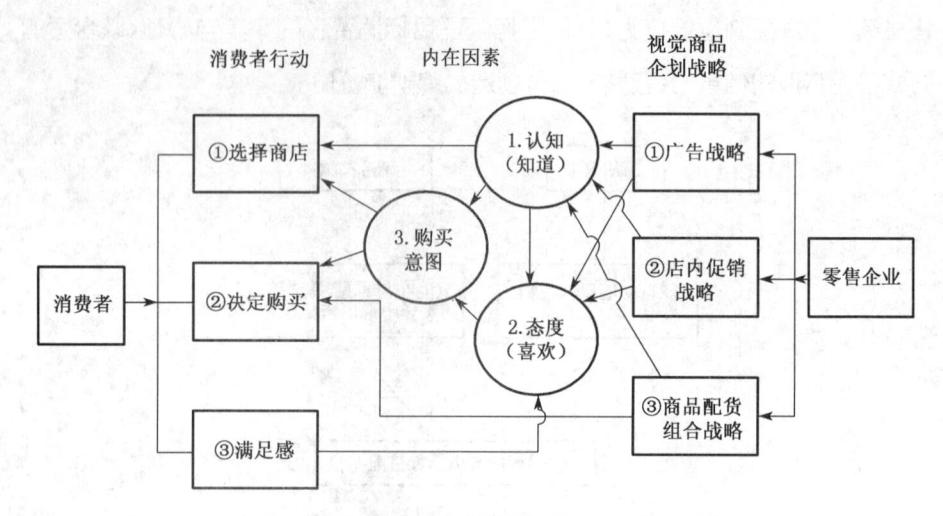

图 7-4　服装业视觉营销与购买消费行为的联系

计、橱窗设计、商品陈列、网站设计、广告设计、事件性促销设计,如图 7-5 所示。

（1）服装店铺空间设计

现代营销理念认为,服装店铺不单纯是商品买卖的场所,而是将生活方式、文化修养、休闲娱乐融为一体的消费生活空间。服装店铺空间设计是品牌个性和特质的体现,它反映了品牌的时尚程度、市场地位以及对目标顾客的吸引力。

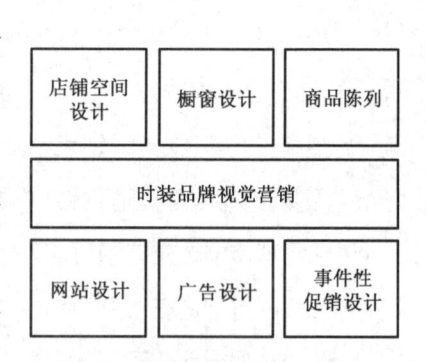

图 7-5　服装品牌视觉营销的内容

服装买手在寻求商品组合的个性特征的同时,也要注重店铺空间设计的匹配,塑造符合品牌与产品定位的空间设计,塑造独有的个性特征,传达店铺的文化内涵。如图 7-6 所示,例外生态店不仅有服饰、生活家居用品、童趣物品、手工品,还有书籍音像及咖啡饮品服务。店员邀请顾客一起参与体验、创作,一起发现生活的无限可能性,感受不同的生活乐趣。顾客在时尚、自然、轻松、自由的氛围里面,体会产品,体验生活。这样的店铺空间设计使得品牌和产品都得到了升华。

（2）橱窗展示

橱窗是店铺对外宣传的窗口,可以给品牌和店铺带来强有力的传播效果。

通过它可以告知顾客:"产品有什么特点?销售什么类型的产品?目标群体是谁?有什么促销活动?有什么品牌文化或故事?"

风格各异的橱窗设计,体现了各个品牌的独特品位,橱窗好似流动的幻灯片,吸引着不同顾客驻足浏览。很多高端百货商场以其神话般的橱窗或者幽默、夸张的主题设计抓住了消费者的心理。美国著名百货商场 Bergdorf Goodman 向来以橱窗设计闻名于世,如图 7-7 所示,买手以幽默的方式来表达橱窗的主角——狼外婆,披着大红色的丝巾,头戴大红礼帽与眼镜,一个诙谐的形象让人好奇、发笑,然后加深了对店铺的记忆,强化了品牌在消费者心中独特而时尚的定位。

图 7-6　例外的店铺空间设计

图 7-7　美国百货商场 Bergdorf Goodman 橱窗展示

橱窗是三维空间的立体化直观展示效果,与电视媒体和平面媒体在二维空间传达信息相比,具有更强的说服力和真实感。其作用是促进销售、传播品牌文化、展示品牌的格调,吸引过往的行人。橱窗展示以高效的信息传递和信息接受为根本宗旨,它不仅仅是商家传达信息能力和传达信息宗旨的展示,更是使顾客认知、认可、认同品牌的展示。因此,它承担了商店和消费者之间相互沟通的角色。

① **橱窗展示要素**

设计巧妙的橱窗,借助道具、装饰物和背景以及色彩、照明等手段,赋予商品生命力,创造良好的视觉效果,可以在短短几秒钟内吸引行人的脚步,说服消费者进店光顾,如图 7-8 所示。橱窗是店铺中的有机组成部分,它不是孤立的。

在构思橱窗的设计思路前，必须把橱窗放在整个店铺中去考虑。另外，橱窗的观看对象是顾客，必须从顾客角度去设计并规划橱窗里的每一个细节。

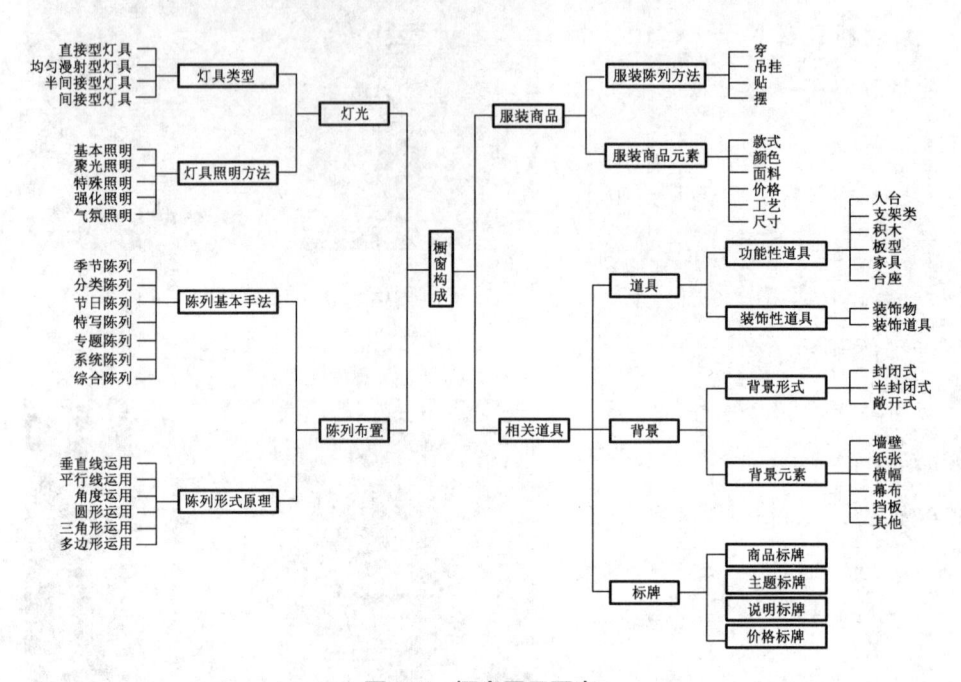

```
                    ┌─直接型灯具
                    ├─均匀漫射型灯具
              ┌灯具类型─┤
              │     ├─半间接型灯具
              │     └─间接型灯具
         ┌灯光┤
         │    │         ┌─基本照明
         │    │         ├─聚光照明
         │    └灯具照明方法─┼─特殊照明
         │              ├─强化照明
         │              └─气氛照明
         │
         │              ┌─季节陈列
         │              ├─分类陈列
         │    ┌陈列基本手法─┼─节日陈列
         │    │         ├─特写陈列
         │    │         ├─专题陈列
         │    │         ├─系统陈列
   橱窗构成─┤陈列布置─┤         └─综合陈列
         │    │
         │    │         ┌─垂直线运用
         │    │         ├─平行线运用
         │    └陈列形式原理─┼─角度运用
         │              ├─圆形运用
         │              ├─三角形运用
         │              └─多边形运用
         │
         │         ┌服装陈列方法─┬─穿
         │         │         ├─吊挂
         │         │         ├─贴
         │  ┌服装商品┤         └─摆
         │  │      │         ┌─款式
         │  │      │         ├─颜色
         │  │      └服装商品元素─┼─面料
         │  │                ├─价格
         │  │                ├─工艺
         │  │                └─尺寸
         │  │                      ┌─人台
         │  │      ┌功能性道具─┬─支架类
         │  │      │         ├─积木型
         └相关道具─┤道具┤         ├─板家具
                  │      │         └─台座
                  │      └装饰性道具─┬─装饰物
                  │                └─装饰道具
                  │         ┌背景形式─┬─封闭式
                  │         │      ├─半封闭式
                  │         │      └─敞开式
                  │  ┌背景┤
                  │  │    │         ┌─墙壁
                  │  │    │         ├─纸张
                  │  │    └背景元素─┼─横幅
                  │              ├─幕布
                  │              ├─挡板
                  │              └─其他
                  │      ┌─商品标牌
                  │      ├─主题标牌
                  └标牌─┤
                         ├─说明标牌
                         └─价格标牌
```

图 7-8　橱窗展示要素

② 橱窗主题设计

橱窗展示如同一个影片中的片段，在街道上只占小小的一段，稍纵即逝，却可以给顾客留下难忘的记忆。因此，橱窗的主题需要鲜明，否则很难达到宣传效果。如图 7-9 所示，一个主题鲜明的橱窗空间，选择的商品要与展示计划、主题相吻合，商品不宜过多，种类和色彩配合不宜太杂，要简洁构成，把视线集中在想要表达的商品上才具有说服力。与此同时，主题要创造美感，营造艺术性美，橱窗展示的美感通过其本身的形状、色彩、质地以及用来衬托此种商品的背景、装饰物、灯光的综合运用来完成。橱窗的展示功能突出体现在吸引人们的视线，感染和激发人们对商品的乐趣上，追求与店铺及品牌定位的和谐统一，并兼具艺术感染力，是橱窗展示的追求。

在日益激烈的竞争中，服装买手应选择贴近消费者生活实际场景、联系顾客心理特征的橱窗，更容易被他们所接受，让他们产生共鸣，如图 7-10 所示。

③ 道具

在橱窗设计中，除了主体产品外，道具的重要性是显而易见的，它具有辅助设

图 7-9 橱窗主题设计要鲜明

图 7-10 橱窗主题应能引起消费者共鸣

计和烘托产品特质的功能,且有助于营造橱窗整体氛围。国外的一些大牌往往不惜花费重金打造展示的道具,依托它们创造震撼人心的效果,旨在给人们带来最佳视觉体验。如图 7-11 所示,纽约时尚买手店铺 C-WONDER 的店铺中运用了大量的道具，营造了随意的购物氛围，提升了店铺的形象。

图 7-11　纽约时尚买手店铺 C-WONDER 的店铺陈列道具

总体来看，橱窗在店铺中具有两种特性：一种是商业特性，要展示特定商品；另一种是艺术特性，即需要有一定娱乐和创意色彩，这既是为了吸引消费者的视线，也是为了满足一些消费者的情感需求。橱窗展示的作用如下，如图7-12 所示。

促销：促销是服装橱窗展示最终的目的，通过展示激发消费者的购买欲望。

展示与导购：橱窗往往会展示本季的主推系列、新款商品和畅销产品，同时搭配相应的服饰配件，这既是一种商品的立体展现，也是一种静态的导购方式。

告知与提示：以橱窗展示的方式告知消费者当季的新款、流行色与搭配方式，并提示消费者打折或销售活动的相关信息。

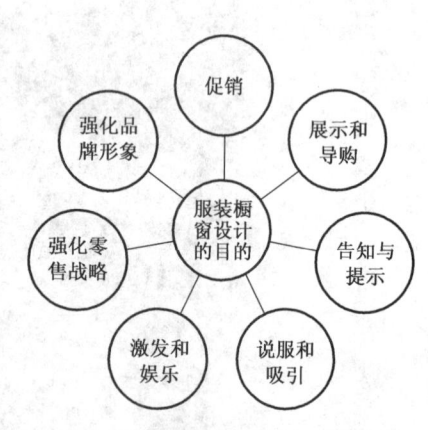

图 7-12　服装橱窗设计的作用

说服与吸引：这里的说服主要是指视觉上的吸引和触发情感上的冲动。

激发与娱乐：运用创意性的设计和独特的视觉效果，不仅美化了消费者的视觉也愉悦了消费者的内心。

强化零售战略：商品千差万别，店家各不相同。超级市场大多考虑消费者的功能性诉求，奢侈品零售商考虑的应该是营造合适的空间氛围。

强化品牌形象：橱窗是商店建筑的一部分，精心布置的橱窗不仅能把购物者引入店内，还能直观地传递给消费者品牌的形象。

(3) 商品陈列

陈列是指如何摆放与安置商品。陈列方式应遵循方便顾客的原则，让顾客易懂、易拿、易买。在一个综合性的品牌卖场，首先要对男装、女装、童装、服饰品进行分类，再对同类产品不同设计主题或者风格进行分类陈列。陈列还需考虑整体卖场的布局，有些商品需要互相搭配来分类。因此这是一个大而复杂的组合策划过程，需要陈列设计团队充分了解当季品牌产品的特点之后，完成产品系列的分类与特征分析，用较长的时间做周密的分析与整合。

服装陈列是指通过对产品、橱窗、货架、模特、灯光、音乐、POP海报、购物通道的科学规划，以展示产品，提升品牌形象，促进销售；是指把商品及其价值透过空间的规划，利用各种展示技巧和方法传达给消费者，进而达到销售商品的目的。合理的商品陈列可以起到展示商品、刺激销售、方便购买、节约空间、美化购物环境的作用。

① 陈列的功能划分

由于店铺内部空间有限，店铺内陈列出越多的商品，效果并非就越好。事实上，除非是仓储式量贩的店铺，否则很容易使人感觉店铺像仓库，太多的商品常常也会使顾客产生疲劳感。卖场在进行商品陈列时，必须有策略性地安排不同的展示方式。如图7-13所示，按照陈列所起的作用，可以将店铺空间分成演示空间、展示空间和陈列空间。

a. 演示空间（Visual Presentation，简称VP）

VP是卖场中最能吸引顾客第一视线的地方，通常是卖场的橱窗和展台。VP是传递品牌形象、品牌理念、设计风格、流行趋势和季节主题的演示空间。其主要作用是诱导和说服顾客进入店铺和购买。因此，演示空间展示的应当是流行性强、季节性强、色彩感强、利润高的商品。

b. 展示空间（Point of Sale Presentation，简称PP）

顾客进店后，为了能使顾客的视线可以更长时间地停留在店内，在店铺局部展示能吸引顾客视线的货品，从而引导销售。根据顾客视线自然落到的位置，展示空间通常位于墙面中上部、货架上方，呈现为能给人带来视觉稳定感的三角形、矩形、曲线形等摆放形式。如果是货品，以正挂方式为主。展示空间能够为卖场货品带来生动、直观的展示效果，避免了商品陈列的单调感。

c. 陈列空间（Item Presentation，简称 IP）

VP 吸引顾客进店，PP 进一步引导顾客的视线，IP 则是为了达成最终的销售。在卖场中，大多数的商品空间都属于陈列空间，为了便于顾客进行商品挑选，通常在陈列空间里将商品按照品类、色彩、面料种类等进行分类摆放，合理分布。

演示空间（VP）	Visual presentation	主陈列：橱窗等
展示空间（PP）	Point of presentation	副陈列（重点陈列）：人台、证明 + 正挂组合
陈列空间（IP）	Item presentation	单品陈列：衣架吊挂、中岛道具

图 7-13　商品陈列 VIP/PP/IP 对比图

② 陈列道具的运用

商品展示需要借助一系列的道具来完成，从而向消费者展示服装的全面信息，包括款式、色彩、材质、品种、细节、造型等。运用各种道具可以表现品牌的精神和商品的个性，商品陈列的主要道具包括：壁柜、陈列台、展示台、陈列杆、模特、配饰柜等陈列设备用具。

a. 壁柜

在买手店铺的陈列中，壁柜与卖场中央区域的陈列效果有很大的区别，充分利用的话，其价值会很大。壁面的面积大，高度高，系统性强，有助于表现商品的系列化和整体性。商品陈列在壁柜里比在陈列杆上更具有价值感，较高档的品牌和男装品牌多选用此种道具。

b. 陈列台和展示台

陈列台一般用来摆放主打产品、特价商品或打折商品，置于卖场的入口或显眼的地方来吸引顾客。展示台一般用于较大商品的展示，高度都较低，如展示人台、模特等。形式很多，比较典型的有直线形、S 形、圆形等。

c. 陈列杆

分为活动式与固定式两种。活动式的吊架也被称为龙门架，它可以根据卖场空间灵活组合应用。而固定式的一般会固定在卖场的墙上。

d. 模特

模特道具可以立体地展示服装，再现人体实际穿着效果，能够直观地介绍商品。人体模特具有抽象型和具象型两种，为了介绍商品和提高商品的价值，可以根据不同的目的选用不同的模特。

模特陈列最能表现商品特性，是重点展示手段之一，也是最有效抓住顾客视线的陈列方式。因此服装买手在模特陈列的搭配和配置方面需要格外注意，讲究整体搭配效果，同时注意一组模特之间的协调和联系。例如三个或三个以上的模特群组，需选择同一系列的服饰，而且颜色要协调，面料和款式也不能太杂，否则就会失去强调的效果而给人以混杂的感觉。在模特的放置时，需要考虑模特的姿态、动作，按照服装的款式特点来合理配置。

模特道具的选择主要考虑色彩与姿势两个因素。

- 色彩

模特承载的多彩色调对商品的展示陈列影响很大，增添了买手店铺的时尚感与个性。如图 7-14 所示，深红色、霓虹黄和新潮的蓝色模特帮助打造靓丽的外观。美国著名买手店铺 Barneys 就以使用靓丽的蓝色模特成为其店铺的重要识别特征。

图 7-14 模特道具的颜色

- 姿势

服装买手面对不同风格的店铺和产品，应使用与之相符的模特姿势。模特姿势也存在流行趋势，近两年，逼真展现人体模型的模特十分盛行，如图 7-15 所示。但是，很多品位高端的买手店铺仍然坚持使用没有姿势的人台模特。

图 7-15 模特道具的姿势

③ **店铺陈列的类型**

a. 分类陈列

分类陈列是指先按商品的大类划分,然后在每一大类中,再按商品的价格、档次、产地、品质等不同分类方法,进行二次划分,也可以按照品牌或者品牌的类型进程陈列。

b. 敞开陈列

敞开陈列是指商店采用自选售货形式。顾客可以直接从敞开展示的商品中,选择所需购买的商品。这是一种现代的无柜台售货形式,把陈列与销售合二为一。商品全部悬挂或摆放在货架和柜台上,顾客不需反复询问,便可自由挑选。这种方式既方便顾客,使其感到自然和随意,又容易激发顾客的购买情趣。

c. 专题陈列

专题陈列又称主题陈列,是结合某一特定事件、时间或节日,集中陈列展示应时适销的连带性商品;或根据商品的用途在特定环境时期陈列。这种陈列方式最好能符合目标顾客的消费心理,形成某种商品的购物热潮。或者传达一种生活方式和价值理念,引起他们的共鸣。如图 7-16 所示,美国 MACY'S 百货

图 7-16 美国 MACY'S 百货具有禅意的东方风格专题陈列

以东方禅意为专题的橱窗陈列。

d. 季节陈列

按季节特点进行陈列是买手店铺最常用的陈列方式,可视为"专题陈列"的延伸,是根据气候、季节变化,把应季商品集中起来搞即时陈列。

7.2.3 网络视觉推广

当前,虚拟网络已成为企业接触消费者、传播品牌文化、宣传产品信息最强大、快速、便捷的视觉平台。传统营销模式的消费者可以通过看、摸、试的方式了解产品性能和特点,但网络消费者只能通过虚拟体验来获取,这就要求视觉设计提供全方位的产品展示,创造良好的视觉印象。

建有官方网站或者网络销售平台的买手店铺,通过分析浏览网页的潜在顾客的消费习惯,掌握目标人群兴趣点,吸引浏览者在展示页面上停留更多的时间,激发浏览者对商品或品牌商店的兴趣,记住并愿意收藏这个购物网站。如图7-17所示,澳大利亚服饰购物网站Yalook利用"时尚面孔"叠衣秀的视觉效果推广该网站,给浏览者留下深刻生动的印象。

图7-17　Yalook购物网站打造的视觉形象

在网络购物和新媒体传播盛行的今天,网络虚拟视觉营销对店铺的宣传被越来越多的企业看中并使用,服装买手自身就是时尚流行的代表,在这方面自然不能落伍。本章第三节将就网络新媒体推广做进一步阐释。

7.2.4 平面插画设计

平面插画是近几年来流行起来的视觉营销手段。漂亮的平面插画设计通过杂志广告、报纸广告、街头广告、互联网广告、店铺中POP售点广告和DM印刷品等形式传递店铺和产品信息。买手可以运用巧妙的构思,采用对比、夸张、幽默等表现手法,营造各类情景,唤起观众的兴趣与共鸣,在美的意境中享受消费。投放遍布网络、杂志、车站等媒介,大量的广告宣传增强了品牌的市场影响力,如图7-18所示。

7.2.5 事件性促销活动设计

图7-18 美国布鲁明代尔百货商场的创意插画设计

事件性促销(Event Promotion)是通过策划、组织和利用具有新闻价值、社会影响或者能够吸引媒体或者顾客兴趣与关注的事件,来提高品牌的知名度、美誉度、关注度,树立良好形象,并最终促成产品的销售。好的事件活动策划不但能够吸引目标群体,更能触动他们的心,让他们一起参与。

事件营销是近年来国内外十分流行的一种公共传播与市场推广手段,它集新闻效应、广告效应、形象传播、公共关系、客户关系于一体,并为产品推介、品牌展示创造机会,建立品牌识别和定位,是一种快速提升品牌知名度与美誉度的营销手段。如图7-19所示,国内某买手店铺通过与法国插画大师Lovisa Burfitt合作绘制插画"爱·梦游"组织慈善活动,并在很多时尚媒体上宣传,达到了促销的目的。

图7-19 "爱·梦游"慈善活动

视觉在事件营销活动策划中起到了传播信息的作用,通过丰富生动的图像视觉语言传达给广大受众,具有很强的感染力。成功的事件营销策划和多样化的视觉设计,能扩大营销事件的传播力、参与力和影响力。服装买手应首先准确把握事件策划核心理念、目标受众的特点,然后将抽象的含义转化为直观的视觉语言。策划内容主要包括:事件标示设计、事件活动的色彩主题设计、代表性图形设计、宣传版面的编排与样式设计、文字的符号性设计、活动现场环境设计等氛围营造。活动涵盖了平面与立体、视觉与听觉、动态与静态,是一项综合性强的设计工作。

案例

连卡佛联袂《周末画报》于北京金融街购物中心店内推出一场创意十足的"A plus"艺术展览和鸡尾酒会,并由著名钢琴家和表演艺术家 Rosey Chan 现场表演助兴。如图 7-20 所示,该展览由《周末画报》生活版编辑总监叶晓薇策展,透过国内新锐艺术家与全球华人服装设计新锐的跨界合作,共同探寻中国创意新面貌。新一代的中国服装设计师不再执着于传统东方美学或局限在中国历史。他们活在全球语境,受过东西方教育,面对全球的竞争与中国当下的现实考验。他们以不同上一辈的形式、材料、想法和创意来表达新的美学,意欲做出打破东西之分的服装艺术。连卡佛长久以来始终不渝地致力于为华人创意天才提供国际化平台,创意创新(New New)亦是连卡佛坚持信奉和贯彻的时尚理念。继今秋与 VOGUE 携手推出服装・遐想・空间艺术展后,连卡佛再度以此艺术展完美诠释其作为亚洲时尚先驱力量的品牌精髓。

图 7-20 "A plus"艺术展

节日陈列是橱窗展示的一项重要内容。每当节日来临,人们休假、郊游、逛街、购物,呈现祥和、欢快的气氛。利用节日的主题进行橱窗陈列,不仅可以增加节日的热闹气氛,也能顺应和满足人们在节日购物的愿望,如图 7-21 所示。

图 7-21　节日主题的橱窗设计

7.2.6　服装买手如何指导陈列

　　服装买手为了将商品的优点充分展示出来，都会对橱窗陈列和店内装饰投入很多的时间和精力。他们吸收最新的时尚信息，同时结合店铺定位，有效地指导终端店铺陈列。一般情况下，服装买手只做每个季度的陈列企划，建立好陈列模板，各店铺依照执行就可以了。

　　由于服装买手巡查各地店铺，见多识广，能收集各种陈列信息，把握住流行趋势，使陈列在文化、风格、理念上都保持领先的位置。服装买手为陈列师提供最新的陈列方面信息与情报，以便陈列师对陈列方案进行规划与调整，主要包括以下三个方面：

　　• 服装买手为陈列师提供货品结构数量和结构比例，让陈列师更好地准备陈列方案；

　　• 服装买手为陈列师提供市场上新的陈列信息，包括陈列概念、道具和色彩等，并提供一些国外当季流行的陈列主题作参考；

　　• 服装买手对现有店铺陈列进行必要的监督。

　　陈列师的工作流程，实际就是陈列企划案的制造流程。如图 7-22 所示，这个流程是依据买手团队的产品开发企划案制定的，即陈列企划案是产品开发企划案的一个分案。

　　陈列师在服装买手的辅助下制定初步企划方案，再交由不同操作岗位的人员讨

```
                    陈列方案
         ┌─────────────┼─────────────┐
      销售人员 ←吸收信息— 买手 —辅助建议→ 陈列师
    ┌───┼───┐        ┌───┴───┐      ┌───┼───┐
  店铺  销售  消费者   国内外    货品   色彩  搭配  陈列
  信息  信息  信息    陈列的    组合   专家  专家  专家
                    时尚信息
```

图 7-22　陈列方案企划

论，并根据讨论意见进行修正后，形成最终陈列企划案。陈列企划案在随后的买手调配商品、补款等情况下，会做调整，但是调整的幅度与标准不会太大。调整的方向也应依照模板进行，从而使补充的新款能融入前期所做的主题、色彩和产品结构。

7.3　服装买手与媒体推广

21 世纪初，传统媒体，特别是纸质出版业，开始了从"灌输传播"到"定制服务"的转变。如图 7-23 所示，Apple Store 中流行与时尚的杂志平台有众多流行资讯，乔布斯打造的苹果帝国更使原来的"纸的附庸"转向"苹果的附庸"，从依靠"专业的时尚信息"向"草根阶级"转变。比如在微博上，关于时尚的花边新闻，一个草根账户的转发量可以轻松超过所谓的专业机构。智能手机、平板电脑等科技产品使得传统媒介纷纷解构的同时，服装买手应掌握新的传播推广手段，保持位于潮流最前端。

图 7-23　Apple Store 中流行与时尚的杂志平台

7.3.1 传统媒体推广

（1）纸质媒体

纸质媒体包括报纸、杂志和书籍，分别由报社、杂志社、出版社出版。服装买手的目标顾客群往往不是对传统纸质媒体具有高忠诚度的消费者，反而是通过智能手机、平板电脑来获取各种时尚信息。

（2）电视媒体

电视媒体是指以电视为宣传载体，进行信息传播的媒介或是平台。电视广告制作成本高、周期长、工艺过程复杂、不可控制因素多、播放费用高。我国中央电视台A特段30秒的广告收费就要人民币4.5万元。而国外黄金时段播出费用比这还要高得多，美国的电视广告每30秒要10～15万美元，如果在特别节目中插播广告更贵，有的竟高达几十万美元。这样高耗费、不灵活的媒体传播显然不适合快销型的买手店。

（3）户外媒体

户外媒体指在露天或公共场合，通过广告表现形式向消费者传播信息，推销商品的媒体。户外媒体分为平面和立体两大类：平面的有路牌广告、招贴广告、壁墙广告、海报、条幅等。立体的有霓虹灯、车船载广告及广告塔灯箱广告等。其中路牌、招贴是最为重要的两种形式，影响最大。当代的户外媒体需要满足空间、建筑、政治、文化和社区五大属性，对于时尚服装类的户外推广，除了上述属性外，其艺术属性也被逐步强化。

从推广特点上来看，户外媒体区别于其他媒体的显著特征包括视觉性、动态性、告知性、环境性和非内容性。这五个特征决定了户外广告的创意表现规则。设计制作精美的户外广告可以很好地传达买手店铺的时尚特征。如图7-24中的鞋子很好地融入了户外环境，简单明了但具有创意，将时尚与趣味很好地结合，抓住了人们的眼球。

（4）售点推广

售点广告，即POP（Point of Purchase）广告，包括橱窗陈列、柜台、货架陈列、货摊陈列等，还包括销售地点的现场广告，以及有关场所门前的海报、招贴。随着无人销售形式出现，尤其是超级市场的出现与普及，售点广告的功能也

图 7-24 某鞋类品牌的户外广告

在逐渐扩大。售点广告也包括售点发放的各种包装纸、说明书、霓虹灯、小册子、赠品等,不过售点广告最主要的形式还是通过商品本身为媒体的陈列广告。当代的售点推广须有创意,有了创意才能有话题,有了话题才能交叉性传播。

买手店比较适合利用橱窗这种售点进行推广,要在短时间内让人们有极深的印象,同时可以结合利用后面提到的自媒体和新媒体方式,引爆时尚消费者。

(5) E-mail 推广

电子邮件推广,EDM(Email Direct Marketing),是在用户事先许可的前提下,通过电子邮件的方式向目标用户传递价值信息的一种网络营销手段。服装零售行业用户比例高达 37%,紧随其后的是商业出版媒体(35%)和旅游/医疗服务(34%)等行业。

服装买手模式站在一定的时尚高度,如果采用 E-mail 病毒式传播,让人们对买手品牌感到厌倦就把它当作垃圾邮件处理,如果要利用 EMD 的话,适合利用 RSS 订阅的方式让人们自己选择,如图 7-25 所示。然而 EDM 营销的重点已不是发送,而是营销技巧。

EMILIO PUCCI

Thank you for signing up to our Newsletter. Now you'll always be up-to-date on our latest news.

If you want to enjoy all the benefits of our Store, register in My Account now. All it takes is an e-mail and password.

Once you are registered you will be able to:

- save your favourite products in your **Wish List**
- shop faster by saving your addresses in the **Address Book**
- see all your order details and track the shipment of your orders and returns in the **My Orders** section

If you have received this e-mail in error, or you do not want to receive any more e-mails at this address, click here.

Thank you

Please do not reply to this e-mail. If you need help or have any queries visit the **Customer Care** area of our website.

图 7-25 PUCCI 品牌的 RSS 订阅邮件

（6）传统媒体在当代的推广

传统媒体在当代的模式运作过程中，已经不再传统，将曾经单调的运作模式变成了多样化，将曾经的强硬告知式已经转化为分享与讨论，而且已经不再强调告知，而是更加注重消费者的相关信息与动态。

如表 7-1 所示，通过一种交叉的方法得到更准确的消费需求信息和消费动向信息，创造朋友与朋友之间、商家与大众之间的交流互动平台，同时提供一些信息及优惠活动，而信息越来越具有创意，越来越含蓄，从视觉、听觉、嗅觉、味觉等多角度抓住消费者，逐渐将时尚品牌的文化、创意、理念、价值、地位渗入消费者的内心中，缓解了商家与大众的紧张关系，让大众自主、自发津津乐道地谈及品牌，以其为时尚的标志和代表。

表 7-1 服装买手对传统推广方式的特点分析

在时尚行业中传统当代推广的特点分析					
媒体	传统			当代	
	运作方式	局限性	效果	运作方式	优点	效果
纸质	纸质版面插入平面广告	寿命短，传阅少	越来越差	屏幕的账户，通过分享、讨论，获取使用者相关信息	速度快、成本低、交叉性强	越来越好
电视	插入节目视频广告	成本高，周期长，网络转移收视率	越来越差	社交活动、分享、讨论、形式丰富	速度快、成本低、交叉性强	越来越好

续 表

在时尚行业中传统当代推广的特点分析						
	传统			当代		
媒体	运作方式	局限性	效果	运作方式	优点	效果
户外	平面广告、立体广告	动态性、空间性	越来越差	不局限于平面与立体	创新、交叉性强	越来越好
售点	销售环境烘托	不完整、无创意	一般	与环境相互融合但有差异性	创新、交叉性强	越来越好
E-mail	病毒式传播	垃圾邮件	越来越差	RSS 订阅方式	自主性、人性化	越来越好

7.3.2 新媒体推广

（1）微博推广

微博是一个基于用户关系的信息分享、传播以及获取平台,用户可以通过各种客户端组建个人社区,以 140 左右的文字更新信息,并实现即时分享。微博在语言的编排组织上没有博客的要求高,只需要反应自己的心情,不需要长篇大论,更新起来也方便。

微博主要特点：

① 立体化

微博营销可以借助多媒体技术手段,从文字、图片、视频等展现形式对产品进行描述,从而使潜在消费者更形象直接地接受信息。

② 便捷性

无须经过繁复的行政审批,节约了大量的时间和成本;字数没有要求,形式不限,可以只是一个简单的表情、图片、视频、音乐、话题及投票,没有像博客有约束性,非常随性。

③ 广泛性

通过粉丝关注的形式进行病毒式的传播,影响面非常广泛,同时,名人效应能够使事件的传播量呈几何级放大。

④ 自主性强

推广效率高,易控制,内容题材和形式多样随意性。

⑤ 成本低

开放平台、功能齐全、用户量大、传播 ROI(投资回报率)高。

⑥ 高速度

微博最显著特征之一就是其传播迅速,一条关注度较高的微博在互联网及与之关联的手机 WAP 平台上发出后短时间内互动性转发就可以抵达微博世界的每一个角落,达到短时间内最多的目击人数。

但微博平台的规则与博客的区别很大,如表 7-2 所示,决定了营销方法的差别很大。微博推广就是在微博平台上先营造氛围,然后实现销售的过程。

表 7-2 微博与博客营销的区别和共同点分析

区别	博客	微博
本质	文章的字数和质量有一定的要求	短小精炼
内容	文章(信息源)的价值为基础	表达现在发生了什么有趣的价值
传播速度	慢	快
生命力	持久	短暂,一般很少超过三天
传播媒介	网络	多种终端(手机、IM 软件(gtalk、MSN、QQ、skype)和外部 API 接口等途径)
传播方式	主动	被动
传播渠道	直接进入网站、RSS 订阅浏览搜索引擎、用户的长期关注	相互关注的好友(粉丝)直接浏览,好友的转发分享
相同点		
载体	网络	
形式	文字、图片、视频等	

买手品牌如何通过微博或博客营造品牌氛围、情感氛围、热销氛围,这是一个值得研究的课题。例如美国 Zappos 用微博营销的成功案例是非常值得借鉴的,以微博营销为代表的社会化营销正从消费者洞察、引爆营销、持续营销和品牌关怀等四个方面给企业带来巨大价值。

服装企业微博营销作为推广手段运作时,具有自身的优势与劣势。微博营销对于市场有较好的细分,是不同于电子商务的崭新的商业模式。因此对于企业微博营销而言,正确的营销步骤是品牌推广的关键。

案例:美国的 Zappos 卖鞋网站

该家网站共有 1 600 名员工,写 Twitter 的人超过 400 名。400 名员工写的 Twitter 各有自己的风格,但是最后都会让你感受到 Zappos 是一家服务至上的公司。网站的总裁托尼说,不要以为 140 个字符会限制一个品牌。他有一个比喻:任何单一的鸟叫,就像任何一个点,本身可以是微不足道的。但如果随着时间的推移,你最终与很多的叽叽喳喳声连接在一起,就会汇合成一种合唱,在总体上描绘出你的公司,并且最后形成你的品牌。

Zappos 对自己的企业文化有明确的表述,并且深深烙印在每个员工的心里,这就是 Zappos 企业文化的核心价值观。在有了这样的核心价值观具体表达以后,Zappos 对凡是到 Twitter 上开微博的员工,都会先进行一次培训,培训的内容是告诉你如何表述的方法。员工在 Twitter 上的内容应该是反映个人成长。他归结为 4 件事:一、透明度和价值观:不断提醒自己我是谁,我为什么加入 Zappos;二、重塑现实:用 Twitter 鼓励自己寻找更积极的方式参与现实;三、帮助别人:做能对别人生活产生积极影响的事情;四、学会感恩:懂得欣赏生活里的小事情。

这样一来,员工如何写微博就有了指南,但是在风格上,Zappos 鼓励员工个性化的表述方法和个人魅力,但最终是将企业文化生动地传递给社会。于是我们就看到了这样一种结果,就是 400 多只 Zappos 的小鸟在各种树木的低干高枝上鸣叫,各种叫法不同,但是它们是一种合唱,一种令人陶醉的合唱,这样的合唱会促使每一个受众都迫不及待地想进一步去体验 Zappos 公司的文化,享受 Zappos 品牌照耀在自己身上的温暖阳光。

(2)电子商务推广

如今,越来越多的买手店铺转向网络、社交网站和移动渠道,获取信息、进行销售服务。买手购物网站的移植中,最成功的例子就是 Net-A-Porter,如图 7-26 所示,其网站每天都会吸引 101 个国家 90 名新顾客的光临,平均订单数超过 400 份,每张订单的平均消费高达 820 美元,并且每个季度的营业额都以翻倍的速度惊人增长。专属 Net-A-Porter 独有的买手体制经营模式令无数网络销售渠道争相模仿。购物网站移植模式营销也一度成为了服装买手们发展规划的热门领域。

此外,另外一种电子商务模式——闪购模式(又称限时抢购模式)逐渐兴起,它起源于法国网站 VentePrivée。闪购模式即是以互联网为媒介的 B2C 电子零售交易活动,以限时特卖的形式,定期定时推出国际知名品牌的商品,一般以原价 1~5 折的价格供专属会员限时抢购,每次特卖时间持续 5~10 天不等,先到先买,限时限量,售完即止。顾客在指定时间内(一般为 20 分钟)必须付款,否则商品会重新放到待销售商品的行列里。创意闪购网站 Fab、Gilt(图 7-27)都是新媒体销售模式比较典型的代表。

图 7-26　Net-A-Porter 买手购物网站

图 7-27　Gilt 官网

越来越多的买手店进入电子商务领域。值得注意的是：服装买手做电子商务必须力求模式创新，不能给人感觉廉价，可以参考上述成功的模式。是否能找到一个适合的平台，或是自己开发平台，是买手店"触网"前面临的首要问题。

(3) APP 软件应用推广

APP 是 application 的缩写，APP 软件应用推广是通过特制手机、社区、SNS 等平台上运行的应用程序来开展营销活动。APP 品牌营销具有全新的成长空间与机遇，让营销渠道产生天翻地覆的变化。智能终端的突破性普及，App 应用的空前火爆，营销人不得不承认用户接触信息的方式已经改变，以用户为核心的营销方式势必要随之而变。

APP应用的全面爆发正在加速推动着数字媒体营销的深刻变革,网络环境在一定程度上得到净化,用户对智能手机的依赖程度可用难分难舍形容,网络环境的改善,APP应用的技术与体验在不断完善和优化,因此APP营销的形式和效果也更多样、更高效,应用模式也比较多。

① 植入广告模式

在众多的功能性应用和游戏应用中,植入广告是最基本的模式,广告主通过植入动态广告栏形式进行广告植入,当用户点击广告栏的时候就会进入网站链接,可以了解广告主详情或者是参与活动,这种模式操作简单,只要将广告投放到那些下载量比较大的应用上就能达到良好的传播效果。

② 用户参与模式

这种营销模式是主要的应用类型,是网站移植类和品牌应用类,企业把符合自己定位的应用发布到应用商店内,供智能手机用户下载,用户利用这种应用可以很直观地了解企业的信息,用户是应用的使用者,手机应用成为用户的一种工具,能够为用户的生活提供便利性。这种营销模式具有很强的实验价值,让用户了解产品,增强产品信心,提升品牌美誉度。相比植入广告模式,具有软性广告效应,客户在满足自己需要的同时,获取品牌信息、商品资讯。如图7-28所示,雅莹利用苹果的APP平台来宣传自己的品牌理念,还有简单的游戏培养新的消费群体,同时参与APP将有优惠活动。

图7-28 雅莹苹果APP应用推广

从费用的角度来说，植入广告模式采用按次收费的模式，而用户参与模式则主要由客户自己投资制作 APP 实现，相比之下，首次投资较大，但后续费用比较小。

③ 购物网站移植模式

该模式基本上是基于互联网上购物网站，将购物网站移植到手机上面去，用户可以随时随地浏览网站获取商品信息，进行下单，这种模式相对于手机购物网站的优势是快速便捷、内容丰富，而且这种应用一般具有很多优惠措施，比较成功的是 Fab（图 7-29）。

Fab 网站上主要出售一些有创意的物品，目前的商品量达到了 1.5 万件，供应商达 7 500 家，每分钟售出的商品在 23 件左右。算上欧洲、美国和加拿大等，Fab 现在总的注册用户数为 750 万，在过去 15 个月销售额超过了 1.5 亿美元。Fab 披露的数据显示，其网站流量有 30%～40% 来自移动设备，包括 iOS 和 Android 系统。其中 Fab 移动业务收入的 95% 来自苹果设备，55% 来自 iPhone 用户，40% 来自 iPad 用户。

图 7-29　FAB 购物网站推广

买手店铺一般来说规模不大，所以这么一笔投资需要做谨慎的分析调查及其明确定位开发针对的消费群，时尚是经常改朝换代的，所以后续的更新策划也是极其重要的，且 APP 内容的策划是营销效果的关键，而非投资额的大小。

(4) 搜索引擎推广

搜索引擎推广，是英文 Search Engine Marketing 的翻译，简称为 SEM。就是根据用户使用搜索引擎的方式，利用用户检索信息的机会尽可能将营销信息传递给目标用户。简单来说，搜索引擎营销就是基于搜索引擎平台的网络营销，利用人们对搜索引擎的依赖和使用习惯，在人们检索信息的时候尽可能将营销信息传递给目标客户。利用搜索引擎大大提高了自身的搜索率和品牌形象,如图 7-30 所示,雅莹与百度搜索引擎合作后的效果。

图 7-30　雅莹与百度搜索引擎合作后的效果

本章小结

• 服装买手应正确了解库存的含义,掌握控制和避免库存风险的基本方法。同时应学会平衡有效地运用手上的库存进行销售。

• 买手店铺如何通过视觉营销形式传播品牌文化、品牌形象、产品信息、广告活动等内容,达到品牌价值提升与促进销售的目的。

• 视觉营销的表现形式广泛,包括店铺空间设计、橱窗设计、商品陈列、网站设计、广告设计、事件性促销设计。

• 服装买手需要辅助陈列师制定视觉营销方案,必须懂得终端卖场的产品陈列原则。

思考题

1. 服装买手如何保持合理库存?
2. 如何理解买手店铺的视觉营销?
3. 买手如何辅助陈列师进行橱窗展示?
4. 为何传统推广模式逐渐走向新媒体和自媒体方向?
5. 服装买手店铺如何进行自媒体推广?

第 8 章 服装买手职业空间与教育

本章要点

- 国内外服装买手教育的现状
- 开展服装买手教育的国内院校
- 国内服装买手教育的发展

学习目标

1. 知识目标

通过整本书学习,初识买手各个方面的基本知识,本章节为学生提供相关国内外服装买手院校的知识。

2. 能力目标

通过本章国内外院校的介绍,给对服装买手或对时尚感兴趣且想继续深造的学生提供一些准确的外国时尚院校的信息。

8.1 买手职业现状与发展

8.1.1 买手的职业发展的现状

服装买手职业在国外非常受重视,地位甚至超过了设计师,但在中国买手职业发展尚处在初级阶段,无论是职责,还是整个买手行业的制度都不是很清晰,可以说是具有中国特色的买手。

20世纪90年代末,服装买手称谓传入国内之前,在一些大城市中就存在着买手的前身,也可以看作买手的雏形,他们通过特定的渠道从生产厂家取得货源,把服装以及一些生活日用品拿到市场中销售,在生产力水平较低、产品供不应求的情况下,货源最为重要。如今,随着中国经济的发展,服装行业市场环境发生了巨大的变化,买手早已不是简单的买进卖出的形式,变得更为专业化。目前在国内企业中,买手职业与买手模式的影响也渐渐渗透到中国的服饰企业中。而就精品类型的买手店来说,除了有来自欧美、韩国和中国香港的一部分买手精品店进入中国内地市场之外,在上海、北京和杭州等时尚前沿城市已逐渐诞生了几家自有买手精品店。

近些年来,随着国内消费群购买力的不断提高以及拉动内需的政策实施,我国百货行业全面发展,反映了行业蓬勃发展的态势,加剧了行业内部的竞争。各地的商业地产项目遍地、急速增长,带动百货行业的高速扩张,也促进了买手制模式店铺数量的增加。

(1) 国内买手店铺的兴起

以亚洲服装产业较发达的日本为例,20世纪60年代是日本经济迅速增长的时期,那时百货店在服装零售业中一直保持着绝对的垄断地位,但是类似产品的不断出现,最终导致了价格竞争。到了70年代为适应日渐增大的个性化服装的需求,出现了专门店,并在一部分专门店里引进了设计师品牌。随后,个性鲜明的服装买手店纷纷出现。

目前国内的服装买手店主要是港资公司,例如香港的 i.t、JOYCE、

LANCRAWFORD等，如图8-1所示。他们代理多个风格迥异的国外设计师品牌，采用联营的买手模式，由买手负责从各个设计师开发的款式中进行挑选订货，然后组织货品进行销售。

图8-1　香港著名买手店铺

过去，买手店铺在内地不受重视，原因在于销售群尚不成熟，加上买手店的宣传力度不够，处于启蒙阶段的消费者购物是冲着名牌、大牌来的，而多品牌的买手店里的品牌都偏小众。近两年买手型服饰店铺的发展趋势愈发明显，一些二线城市也涌现出了不少买手型店铺，如今这些服装买手品牌在国内每年以30%～40%的速度增长，越来越多的消费者厌倦了大众化的量贩产品，开始喜欢有个性的服装。在香港买手店深入内地市场试水的同时，内地本土小型多品牌店在近几年也开始悄然兴起，如今栋梁、薄荷糯米葱、LE LUTIN、森美等这样的买手品牌，大多是汇集国际品牌或设计师品牌，商品价位也相对较高，针对的顾客群是热爱时尚、相对有较高经济基础的小众。

一个优秀的服装买手店，其灵魂是货品，而作为服装买手，必须在时尚潮流的最前端，具有了解行业规范、辨别货品的能力。此外，具备敏锐的鉴赏能力，能够挑选到国内没有甚至目前还未流行而即将流行的款式、品牌，这都是服装买手必须具备的基本素质。

服装买手店铺也可以走相对低端的路线。消费者对相对低端、价格合理的买手型服饰店铺的呼声越来越高。例如，可以针对年轻消费群体，汇集年轻设计师的创意优势，打造以新鲜创意为主题的店铺品牌。如图8-2，这类买手型服饰店铺的代表有HOTWIND、雅柔、栋梁、薄荷糯米葱、LE LUTIN、森美等。

图 8-2　国内著名买手店铺

（2）国内买手模式的应用

在国外，服装买手们为不同类型的时尚品牌进行着各式的专业化货品采购或者为不同的百货店引进时尚品牌，买手模式被应用在企业中的新产品开发环节中，服装买手辅助设计师，使得设计更加针对市场和消费群。而国内服装零售业起步较晚，时尚零售领域的新产品开发、专业化管理、营销水平相对滞后，国内时尚界还未形成大型品牌连锁企业垄断的格局。但是国外买手的几种形式在国内都已经出现，H&M、ZARA等快时尚品牌的全球复制范围很广，也促使了买手机制的发展成熟。国内也有类似国外买手模式的企业，只不过国内把买手的环节拆解成几个部门，分别去做买手的一部分工作。

近年来，我国出口贸易下滑，在拉动内需的政策导向下，国内的服装品牌不仅要与国内的同行竞争，更加要面临国外品牌的威胁，在这个过程中很多企业发现无论是分公司经理，还是经销商或单店店长，对产品的认知和当地市场情况的结合度，往往决定了一个店铺的经营情况。此时此刻，服装企业明显意识到服装买手的重要性，甚至有的企业通过各种培训以弥补产品的采购和订货的不足。这种典型的品牌买手，国内有的企业已经运用得比较成熟，但总体尚处于摸索阶段，没有达到像国外一样的主导地位。但可以预测，未来一旦品牌买手得到广泛的实践，将成为我国服装品牌发展的生力军。

另一方面,随着我国国际贸易摩擦升温、人民币升值,很多国内服装企业由原先的加工出口慢慢转变到内销批发,再慢慢转变到内销品牌经营。国内已经有一些服装品牌开始将制造业转移到非洲等国家,从全球采购经济且具特色的面辅料,同时赋予其欧美等国品牌背景,其公司主体可能在中国或是其他设立成本最低、人才最多的国家,有效地控制企业的成本与通货膨胀,使公司运营成本达到边际值最合理数值。买手采购进行专业分工运营模式,同时加强了服装品牌公司、面辅料供应商、服装饰品商、服装零售商到消费者之间的信息共享。消费者的需求被反映到各个相关体系。服装品牌公司、面辅料供应商、服装饰品商、服装零售商与消费者形成了互动关系,更为确切地说是资源整合的运营方式。这种趋于"多赢"的局面使买手企业运营模式的优势更加明显。

8.1.2 买手职业的发展空间

(1)传统零售业态向买手模式过渡

纵观中国服装业的商业形态,我国的服装零售业态和西方国家有很大的差异,虽然有相当数量的国际一流品牌已进入大型百货商场,但中国国内商品的专卖店尚处于启蒙时期,我国服装企业掌控了产品研发、成衣设计、成衣加工、终端渠道拓展、产品经营,涵盖了整个经营链。这个经营链在中国完全是由一个企业从头到尾来操作,只有成衣加工生产具有优势之外,其他的环节都处于初级阶段,整个产业链缺乏专业性的整合管理。国内较为著名的品牌一般在百货店里开设直销店或代理店,模式类似常见的SPA零售模式。这并不能说明国内服装企业已经达到了能体现商品间差别化的品牌开发水平。而在西方国家,作为一个服装品牌企业,他们多半是利用买手模式进行产品研发、品牌控制和经营,像渠道拓展和产品经营以及价格管理,则完全可以交给经销商或者交给全球性百货集团的买手,无需自己再去拓展渠道。西方的经营方式明确分工,组合式经营,利用各行业的优势将其品牌效益发挥最大。

目前我国百货零售业一般采用租赁和品牌联营两种经营模式,而品牌联营模式已成为当下百货的盈利模式,即商场通过招商方式吸引品牌入驻后,由各品牌零售商或代理商分别负责品牌的日常经营,店方负责商店整体的营运管理,除了收取与面积有关的场地使用费、物业管理费等固定费用外,同时推行保底抽成的结算办法。品牌联营模式一定程度上避免了百货零售业带来的风险,但随着百货公司联营扣点的合作方式比例不断扩大，导致本土百货零售业面临着诸多问题。

① **盈利水平下降**

百货公司和品牌供应商在收益分配的问题上很大程度上取决于品牌地位，双方品牌价值差异所产生的不平衡，使百货合作在与品牌合作中越来越被动，国内百货与品牌供应商针对扣率和合作条件进行谈判，不涉及具体的采购行为，只负责筛选品牌，只关注进入品牌和供应商的业绩销售金额问题。如百货公司为了引进一个好的品牌就不得不在扣点和各个利益节点问题上做出让步，甚至损失本该获得的平均毛利，国际一线品牌的扣率一般都比较低，甚至出现低于普通租金的现象，这样对其他品牌竞争相对不公平，用国内二三线品牌的进驻费用来补贴国外品牌，国内品牌付出高昂的费用反而得到的是偏僻的角落，这样的不公平竞争弱化了百货的经营控制能力，而且对国内品牌的发展起了阻碍作用。这样的不公平竞争导致百货让利给一线品牌，而二三线品牌销售业绩不理想，导致百货的品牌流动性增强，逐渐失去构成业态本质的要素支撑，盈利水平明显下降。

② **同质化的竞争**

受联营模式制约，百货放弃了买手模式采购货品的职能转向对优质品牌的争夺，公认"名牌"的品牌商品几乎每个商场都有。消费者对同质化商业场所的接受度越来越低，因而百货的压力也会日渐加重。百货销售的货品都是由品牌统一提供，现有能吸引购买的品牌有限，挖掘、引进新品牌的难度很大，使得各家百货品牌重复度趋高，同质化竞争愈演愈烈。处于同一层次的百货店经营的品类基本相同，每类商品的品牌分布也很类似。百货同行之间的同质化竞争到最后就是价格、活动促销的竞争，影响了百货的品牌形象的同时也影响了服装品牌的形象。

③ **不利于打造百货类服务品牌**

一线导购员本应是企业文化、经营理念、服务模式最直接的承载者和传递者，在"品牌联营"模式下，导购多数属于供应商聘用员工，所以即使百货强调统筹管理，但是对于导购员的管理归属问题仍不明确。同时导购人员的职业培训、晋升、福利奖励等机制很难实施，这也就造成他们缺乏对百货店的价值观与品牌内涵的理解和认同，服务质量难以保证，服务文化难于统一。这也使得服装导购人员成为流动性强的一类职业。

从现阶段的零售业态发展来说，传统的零售形式必定向买手过渡，欧美日的服装面对越来越多的个性化需求，百货类的联营模式已经无法满足个性市场需求，不得不引进买手模式来取代在整体市场营运的主体地位。国外的一种发展模式是国内的一种发展趋势，相信这种现象后期慢慢会发展于国内服装市场中。

（2）设计师品牌的兴起

如同日本的20世纪60年代，中国目前的服装市场正处于"百货店时代"后期。未来，各大百货店还会朝着多店铺化方向发展，同样服装企业也会朝着多品牌化方向发展。另一方面，北京奥运会和上海世博会带动的消费意识国际化和本土品牌国际化的双重高涨，个性化服饰的需求将不断增大。在这样的环境中，自然会出现同时销售进口和国产商品的精品店，也将会诞生越来越多的本土设计师品牌。与此同时，在大众时尚为主导地位的服装流行趋势的同时，人们生活压力的日益增加，他们已经厌倦了高频率的撞衫大众化服装。在现代社会工作单一性、同质性、忙碌性的紧张工作和生活之余，越来越多的人们渴望通过个性的张扬放松解放自己。

如今服装已经成为表达自我个性及自我追求的外在显示，选择自己喜欢的个性化服装是一种主流时尚。个性化服务将逐渐深入，除量体裁衣、量身定做以外，还将出现专门设计等深层次的个性化服务，满足不同层次的消费者需要。随着社会经济的发展，大众化的服装将逐渐被有品味的人所厌弃，设计师品牌逐渐兴起渗透到各个服装市场中。但由于设计师品牌是针对小众消费者，没有足够的资金做品牌推广、渠道拓展，他们的产品线、门类、数量都比较少，因此他们背后需要一个买手集团根据自身的品牌定位来整合设计师品牌，专门针对这些厌倦大众服装的消费群做推广，吸引更多的消费群，并且通过对自身的买手店铺的形象来提升设计师品牌。

总而言之，中国服装零售业走向成熟的首要任务是培养真正的服装买手和本土设计师。这些精品买手店的诞生和不断壮大，会成为百货店的补充者甚至是竞争者，这将为我国时尚产业注入新的活力，也将成为培育本土设计师成长的丰厚土壤。

（3）买手职业前景

时尚的本质是变化，时尚产业存在和发展的基础是流行的交替更新。进入

21世纪,国际时尚潮流大势在变,我国经过20多年的产业发展,时尚产业也进入了转型期。此时此刻,服装买手融入中国时尚产业更具有特殊的意义。近年来,国际国内时尚品牌直营的力度都在越发加大,这一变化将更加剧买手模式对国内外时尚业态的介入。在时尚产业运营中,服装买手从产品的选择开始,摆脱了原有品牌企划和设计的束缚,做到了淡化产品存在,同时又利用买手的眼光和思路搭建了另一个自身经营的最好平台。从某种意义上来说,这种行为加速推动了国内各种时尚企业向规模化生产的发展。服装买手对品牌市场形成的影响力大大增强。因此,可以说服装买手是我国时尚产业焕发二次青春的推动者。从我国时尚产业发展至今处于转型期的考虑,本土有潜力的设计师品牌正化茧成蝶,国际品牌蜂拥而至,两者的共同点是打破原有的同质化竞争,为逐渐淡化了的时尚市场增添更多创意且个性化产品,这是时尚产业自身的需要,更是我国时尚产业真正融入国际的需要,还是我国本土品牌走出去的需要。未来几年中,我国服装买手将逐步被品牌企业和商业终端所接受,越来越多的服装企业将在它们的终端试水买手模式,这必将成为行业市场的新标杆。

  时尚产业其实就是一个买手驱动的产业,买手的工作是具有前瞻性,不仅沟通了服装生产者与消费者,还可以平衡市场上的供需情况。买手甚至可以整合时尚资源,使商品链更有效益。在发达国家,不论是零售企业还是品牌专卖店,都由买手决定每一季服装的风格、上市的时间,甚至连每个式样服装尺码的数量搭配都大有讲究。买手既要有时尚感觉,还要有财务知识、谈判技巧等各方面的综合素质。有关统计数据表明,国内目前有专业买手的服装企业不足10%,服装买手是目前服装企业的紧缺人才,在未来10年内将会是需求量持续增长的行业。

  21世纪初国内服装企业纷纷开始了买手制的运作模式。很多传统服装企业开始尝试招收买手,如图8-3所示,上海静安鸿翔服饰有限公司就已经开始招聘买手,Morgon Morris跨国外企公司也在招聘买手,如图8-4所示。国内服装企业招聘买手的广告10年过去了,国内服装产业中的买手职业已经悄然普及,企业对各类买手人才的需求也是越来越多;国内服装高校也逐渐开始开设买手课程,培养买手方向的毕业生。浙江理工大学服装学院作为国内最早开设买手课程的学校,几年来已经有数届毕业生成功进入国内外的买手制服装企业实习和工作。

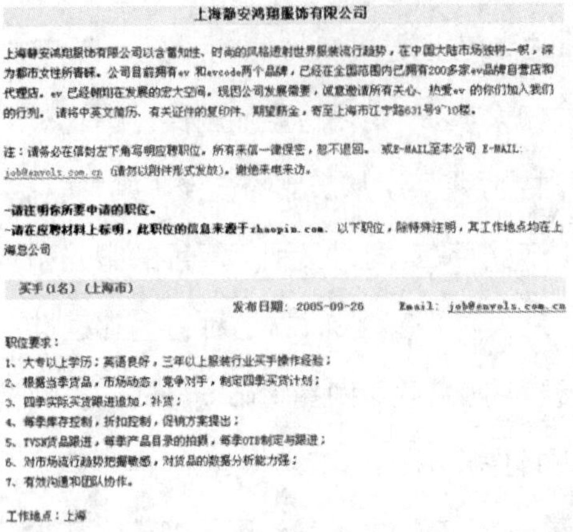

上海静安鸿翔服饰有限公司

上海静安鸿翔服饰有限公司以含蓄知性、时尚的风格透射世界服装流行趋势，在中国大陆市场独树一帜，深为都市女性所青睐。公司目前拥有ev 和evcode两个品牌，已经在全国范围内已拥有200多家ev品牌自营店和代理店。ev 已经拥有在发展的宏大空间。现因公司发展需要，诚意邀请所有关心、热爱ev 的你们加入我们的行列。 请将中英文简历、有关证件的复印件、期望薪金，寄至上海市江宁路631号9~10楼。

注：请务必在信封左下角写明应聘职位。所有来信一律保密，恕不退回。 或E-MAIL至本公司 E-MAIL: job@envols.com.cn (请勿以附件形式发放)。谢绝来电来访。

-请注明你所要申请的职位。

-请在应聘材料上标明，此职位的信息来源于zhaopin.com. 以下职位，除特殊注明，其工作地点均在上海总公司

买手(1名)（上海市）

发布日期：2005-09-26　　Email: job@envols.com.cn

职位要求：

1、大专以上学历；英语良好，三年以上服装行业买手操作经验；

2、根据当季货品，市场动态，竞争对手，制定四季买货计划；

3、四季实际买货跟进追加，补货；

4、每季库存控制，折扣控制，促销方案提出；

5、TVSN货品跟进，每季产品目录的拍摄，每季OTB制定与跟进；

6、对市场流行趋势把握敏感，对货品的数据分析能力强；

7、有效沟通和团队协作。

工作地点：上海

图 8-3　上海静安鸿翔服饰有限公司招聘买手启事

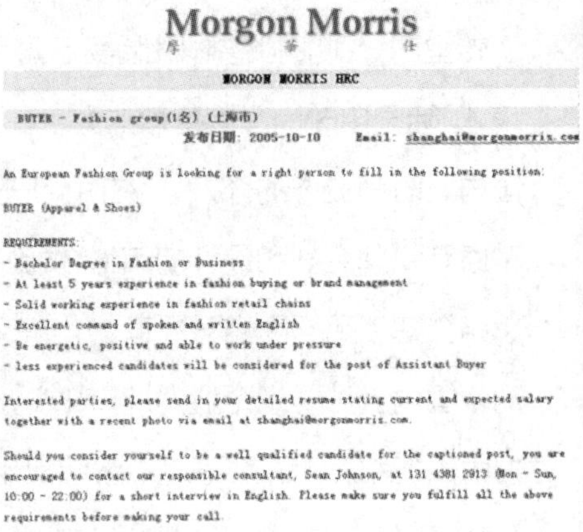

Morgon Morris
厚 華 佳

MORGON MORRIS HRC

BUYER - Fashion group(1名)（上海市）

发布日期：2005-10-10　　Email: shanghai@morgonmorris.com

An European Fashion Group is looking for a right person to fill in the following position:

BUYER (Apparel & Shoes)

REQUIREMENTS:

- Bachelor Degree in Fashion or Business
- At least 5 years experience in fashion buying or brand management
- Solid working experience in fashion retail chains
- Excellent command of spoken and written English
- Be energetic, positive and able to work under pressure
- less experienced candidates will be considered for the post of Assistant Buyer

Interested parties, please send in your detailed resume stating current and expected salary together with a recent photo via email at shanghai@morgonmorris.com.

Should you consider yourself to be a well qualified candidate for the captioned post, you are encouraged to contact our responsible consultant, Sean Johnson, at 131 4381 2913 (Mon - Sun, 10:00 - 22:00) for a short interview in English. Please make sure you fulfill all the above requirements before making your call.

图 8-4　Morgon Morris 公司招聘买手启事

8.2　国外服装买手教育现状

8.2.1　国外服装买手教育现状

欧美国家是服装买手的发源地，那里的买手职业发展至今已经十分成熟。一直以来，欧美服装院校几乎都设有买手的专业课程，设立服装买手的专业方向，如纽约时装学院(FIT)、伦敦大学圣马丁学院、意大利马兰欧尼服装学院等。这些院校针对买手的工作开设了专门培养买手的学科，课程包括买手战略、流行趋势分析、数据分析、买手技巧、语言培训等。这些都是实战型的课程，能让买手适应国际型采购形式的工作，除在秀场捕捉流行趋势之外，大约 80% 的时间需要分析大量的销售数据，与供货商、店铺沟通，以求准确把握客户需求。

欧美国家买手方向的学生从在校实习到正式走工作岗位的过渡一般比较顺畅，学生毕业前有机会到企业做毕业实习买手，时间为 2～3 个月，毕业后经过双向选择留下来做企业的正式实习买手，一般再经过半年时间可转正为助理买手，真正的买手生涯由此展开，如图 8-5 所示。这些院校每年培养的买手人才基本可以满足当地企业对买手后备力量的需求。如纽约时装学院每年可为当地百货商场和服装企业提供一百多名不同层次(有进修、专科、本科之分)的买手方向毕业生。

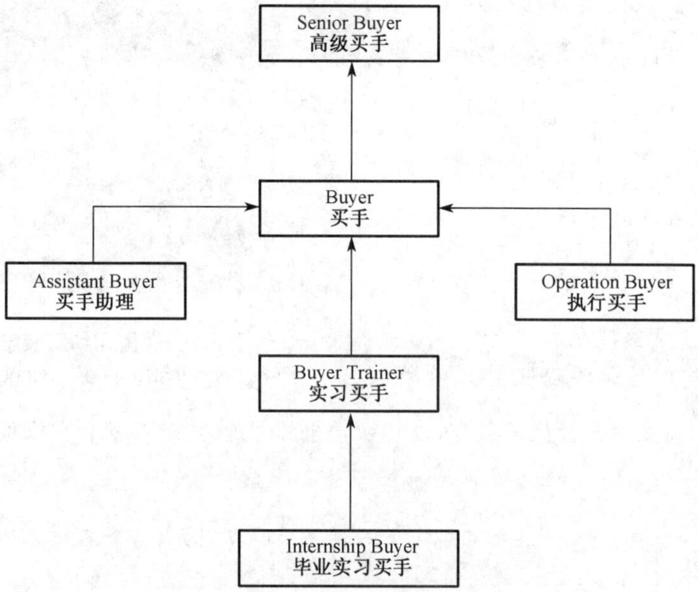

图 8-5 欧美国家学习买手课程学生毕业到工作的过程

8.2.2 国外的服装买手学院介绍

目前在岗位上的服装买手大多数是由设计师、设计总监等转型而来。但是根据美国一所服装设计学院的统计,没有经过系统训练的买手要初步达到买手的基本要求,至少要花费5年的实践时间。国外服装买手大多数是时尚贸易类专业培养出来的,甚至在纽约时装学院等知名的时尚人才培养院校,还有专门的买手专业方向。

纽约时装学院(FIT)

学院简介

美国纽约时装学院(Fashion Institute of Technology)(图8-6)创立于1944年,是位于纽约的国际上知名度最高、规模最大的服装高等学府,多年来在买手培养上硕果累累。美国大部分MACY'S、BLOOMINGDALES、NEIMAN MACUS、JC.PENNY、TARGET的70%买手是FIT毕业或进修过的。FIT买手专业的教授多数都是在买手品牌店或百货零售店中担任高级买手,长年与企业合作密切。FIT的教育宗旨是理论结合实际,结合不同课程目标,采取了多样化的教学模式,培养买手的企划能力、搜集市场信息能力、沟通能力等。FIT长年来与企业保持着良好的合作关系,学生得到实习的机会,他们提供了接触社会、了解行业的机会,使学生在实践中得到一定程度的磨练和提高,为行业输送了所需人才。

图8-6 美国纽约服装学院（Fashion Institute of Technology）

教育特点

FIT专业教学将提供给学生在设计、时尚和商业方面最优的教育,以加强学生的创造力、职业性和全球视野。为了完成这个使命,FIT买手专业教学课程有以下特点:

- 感性与理性的结合,不断地培养买手的时尚眼光,结合品牌定位和市场需求进行合理的预算企划和实施采购。

- 通过整合理论与实践,除学校的理论知识学习,还设置"实习"课程、"来宾讲座"、"校友交流"等项目来推动学生更多的接触实践,部分课程还要求进入工作室进行模拟。

- 针对性强,对买手各个技能的要求与课程合理搭配,明确每门课程基本授课内容与选课要求以及授课与实践的比例。

- 自主性强,学校通过聘请有突出学术和产业经历的教授提供给学生一个创新型的课程,使学生形成社会化、工业化及专业化的意识。

- 课程设置实行弹性制,发挥学生学习主动性。FIT实行全面的学分制,给学生以充分自我选择的权利和空间。课程设置非常灵活机动,学分制还提供在职人员再培训。

- 专业性强,设置的由服装工业领导和服装界权威人士定期来校讲学的特别课程是FIT成立50多年以来始终坚持并最具特色的教学项目之一。

艾斯莫德国际学院（ESMOD）

学院简介

法国ESMOD高级服装艺术国际学院（图8-7）创立于1841年,坐落在巴黎,是一所世界顶级的服装院校,被誉为"服装界的哈佛大学"。GALLERIES

LAFAYETTE(老佛爷百货)和 PRINTEMPS(巴黎春天百货)的买手有80%是来自 ESMOD。在全世界从欧洲、亚洲、非洲到南美洲等的14个国家中,在北京、柏林、东京、首尔等地建立了具有同等教育质量和同等服务体系的21所授权和合作学校,在全球范围内传播服装之都先进的服装理念和技艺,促进国际文化交融。ESMOD一直极力维护与业界的特殊关系,提升了它的名望,这种声誉又成为毕业生进入时尚界、设计界和商界的有力保障。每年 ESMOD 毕业生炙手可热,供不应求,其水平得到业界一致认可。几乎每家大型服装公司里都有至少一位 ESMOD 毕业生担任设计、制版或者营销骨干。

图8-7 ESMOD国际学院

教育特点

- 他们的特色就是注重培养人才对行业的实用性。主要从"学习—理论—实践"展开。学生进校时不需要专门的考试。

- ESMOD 的买手教学模式属于淘汰制。学生可以是"一张白纸",对时尚和买手各方面的知识一点都不懂。但从一年级升入二年级,要经过专门的考试,淘汰近一半人。二年级升入三年级略有淘汰,毕业前有一个专门的考试,不合格的重修。

- 就业率高。ESMOD 为学生在最后一学年安排了他们一生都将受益的实用课——就业模式研究,有服装业及其市场的研究、个人简历、求职信、模拟面试等,使学生获得多种与时尚活动有关的信息与买手专业知识,掌握各种采购与谈判技能,使得培养出来的学生能够很快适应企业的买手需求。

意大利欧洲设计学院(Istituto Europeo di Design)

学校简介

意大利欧洲设计学院(Istituto Europeo di Design)(图8-8),简称 IED,创立于1966年,坐落在米兰。意大利卓越的织物设计和质量、针织服装、休闲装、精美绝伦的服饰、做工、创意、款式及高贵的皮革制品闻名于世,成为买手的肥沃土壤,像 LA RINASCENTE、COIN 有 60% IED 的服装买手。IED 拥有雄厚的师资力量,所聘用的教师都是行业内各自领域的著名专家。这使得他们能够为学生提供应用技能,保证学生能获得服装买手的最新资讯和市场前景。

图8-8 IED校园一角

学校特色

- 无条件性,它是一所为来自任何一个国家、任何年龄层次的具有创作才华和创作报负的人提供培训课程的设计学校。其悠久的历史和高知名度的国际声誉响彻全球,尤其在意大利、欧美、日韩等国家,毕业生供不应求。

- 全球性,学校一直非常注重与企业界的紧密联系,与世界商业团体密切合作是 IED 教育质量的根本,从而使得创造力能与设计文化完美融合。IED 已与整个意大利时尚圈和相关企业,以及众多专业人士建立了固定合作关系,形成了世界上最强大的服装企业联合会。

- 学院采用富有特色的横向与灵活的教学方式,结合学院"学会"与"会学"的办学宗旨,在整个教学过程中遵循坚持理论联系实际的教学模式。通过具体的买手案例研究分析、市场调研、知名公司实践、采购企划的设计等形式来培养学生的思维模式和动手创新能力。

- 强调课程体系的信息实时性和多元化的重要性。对当今世界发展动态的了解,对主流和非主流艺术活动的关注以及对服装行业动态的整体把握,这些都是迅速掌握时尚流行趋势和服装产业发展方向的重要参考。

日本文化服装学院

学院简介

日本文化服装学院(图8-9)是日本最早创办的服装学府,成立于1919年,坐落在东京,紧随英国的中央圣马丁艺术与设计学院和美国的帕森斯设计学院。也是买手课程开办的比较早的服装院校之一。其中西武、高岛屋、伊势丹、三越的买手有60%来自于日本文化服装学院。它拥有一所有关服装方面的书籍收藏量占日本第一的图书馆,该校还每年举办时尚主题的文化节、海外研修等活动,整个大学体现出传统服装业与现代数字化管理的完美结合。

图8-9 日本文化服装学院

学院特点

- 买手专业课程分工较细,针对性强。课程有百货买手、买手式新产品开发、进出口买手、零售买手、买手的技巧等,围绕买手核心把各门课程链接在一起。实践环节不断加强,重视专业知识传授和专业技能的培养,使学生具有实际专业技术,毕业后能很快适应工作。

- 在课堂教学中,强调理性与感性的结合。特别在买手课程中加入了相关的服装设计、流行趋势分析等课程,让买手对时尚有深入的了解,服装工学专业中还开设了特色课程。

8.3 国内服装买手教育现状

8.3.1 国内服装买手教育现状

优秀买手对企业有着举足轻重的作用,买手依靠自身的眼光以及专业化的操作能把最前沿的流行趋势带给一个城市,并潜移默化地带动、培养当地人群的购买习惯。 买手不是一个理论性强的专业,而是实际操作性较强的专业。 国际服装买手穿梭于各种服装、珠宝发布会,鉴赏不同风格的设计师并对比市场消费方向、消费反响来决定采购款式、数量及市场推广内容和主题,这是一个高级的品牌经理职能。 买手面对更多的是设计师品牌,多元素的设计审美眼光,更强调了设计师本身的前卫创意和艺术体验。因此对他们的培养既不能套用过去培养设计师或艺术家的方法，也不能简单地将其与市场营销教学嫁接。仅仅靠学校的模拟概念操作培养出来的学生，是很难胜任买手工作的。

很多服装学院目前还没有开设买手专业，原因在于国内时尚业没有欧美发达，时尚前沿的发布会也不在国内举行。碍于交通、语言和资金等问题，很多买手专业学生也没有很好的机会出国进行学习。目前国内学校买手专业的培养方式主要是国际合作和企业对接，是请企业买手的专家或毕业生回课堂给学生授课和外聘国外服装名校的教授和资深高级买手传授方法和分享经验。通过这样理论结合实际的方法来培养更多国际化兼有感性创造与理性管理综合能力的高素质买手，推动时尚行业进一步发展。

8.3.2 国内部分服装买手学校介绍

东华大学

学校简介

东华大学（图 8-10）位于上海，创建于 1951 年，是全国最早建立服装类学科的高等院校之一，也是全国服装院校进入"211 工程"重点建设的高校，是开设服装买手课程最早的学校之一，同时也是国家高等学校学科创新引智计划（简称"111 计划"）高校之一和教育部"援疆学科建设计划"40 所重点高校之一。目前已形成学士、硕士、博士三级人才培养体系。

图 8-10 东华大学

买手课程设置特色

- 较早地引进完整的买手课程体制，邀请企业中的买手来传授经验，同时学生有机会获得去国内买手店铺的实习机会，推进人才强校战略，在体制、机制上创造人才优化和成长的条件。

- 优秀的国际交流平台，充分利用国际教育资源和国外先进的买手教育，与日本、意大利、法国、英国、美国等相关院校的多渠道、多层面合作教育模式,引进国际化教育。

浙江理工大学

学院简介

浙江理工大学(图8-11)坐落在杭州市,创办于1897年,是一所办学历史悠久的浙江省属重点建设大学,是较早开办营销方向中买手课程的服装院校,通过引进FIT的优质教育教学资源,已为全国服装行业培养并输送了180余名具有先进知识与技能的优秀服装专业本科毕业生。FIT除派遣专业买手教授,如现在从事的MACY'S高级百货买手的FIT教授来我校讲学外,还带着学生亲临国内的买手店铺做现场的指导,已在美国为我校培训了20多位能从事服装专业双语教学的教师,使他们掌握了该领域最前沿的知识和技术,大大提高了我校师生在服装营销等方面的理论知识水平与实践能力。

图8-11 浙江理工大学

香港时装买手学院(HongKong Institute of Fashion Buying)

学院简介

香港时装买手学院(HongKong Institute of Fashion Buying)(图8-12)是在香港成立的一所培养时尚创造力量的学府,买手学员的去向有著名的英国玛莎百货、H&M、阿玛尼AJ、ZARA、百丽集团、香港I.T、欧时力等。学院与国际国内著名时尚品牌的关系高度密切,

图8-12 香港时装买手学院(IFB)

买手课程主要涉及流行收集、采购计划、谈判技巧等方面。香港时装买手学院（IFB）的宗旨是传授敏锐的商业触觉和创造力。

香港时装买手学院（IFB），作为当时第一所为大陆学员提供时尚 MBA 的港校，它把丰富的英伦文化艺术，香港高级服装成衣设计和行销技术带到了内地，致力于艺术与商业的融合。学院以培养独具创造力的综合型服装人才为教学目标，以为世界各国学生提供具有英伦尤其是香港水准的服装教育为办学宗旨，希望通过完全港式的时尚教育，为中国乃至世界时尚界输送符合国际标准的高级时尚人才。

8.3.3 相关培训机构

香港时装买手学院较早地开设了服装买手培训课程，近年来国内有些学校也陆续开设相关课程。这些课程教学模式结合理论和行业实际情况，邀请品牌服装零售公司资深买手授课，教授最符合当前国内现状、最实用的买手操作技巧，搭建了国内最大的专业人才输出平台，连续培养推动中国时尚行业发展的高素质专业买手。另外，有许多买手专业学生选择出国深造。但是由于国内外服装买手工作环境差距很大，国内买手还需要结合国内行情。很多人把国外买手知识照搬照抄到国内买手行业中，一心与欧美国家成熟买手的工作模式相比，这是极其不正确的。每个国家有不同的国情，我国买手应与国内外资深买手多多交流，自我提升，平时多了解时尚资讯，分析市场动态和数据，对消费群体经常分析，做全方位复合型人才。

随着市场细分，在未来的商业环境中买手必定要进行职能化的细分。买手属于复合型的人才，除了基本的采买工作，还必须具备商品销售规划能力、数据分析能力、市场动态把握能力等，因此为适应市场发展需求，买手必须加强自身专业程度的修炼。近年欧美服装业越来越多的品牌想进入中国市场，而国内的买手教育又处于初级阶段，买手应该努力提升专业素质，如准确的预测力及判断力，准确把握市场，洞察时尚，把国际流行趋势转化为符合国内甚至所在城市消费特征的流行趋势，结合丰富的案例操盘经验，预测出下一季畅销商品的颜色、款式、面料和配饰等，这样才能更快更准地把握信息，挖掘热点。

本章小结

- 通过分析国外知名服装教育院校的教学体系、教学模式以及课程设置等内容，使我们了解到国外服装院校先进的教学理念和教学方式，从而可以进一步改革我国传统的服装教学体制。
- 服装教育只有与服装产业保持紧密良好的关系，才能真正推动整个服装行业，推动全球服装市场。
- 借鉴国外知名服装院校的成功经验，对构建高等服装教育专业人才所要具备的基本知识能力的结构体系以及对当前整个服装产业升级和人才培养需求都有着极其重要的作用。

思考题

1. 试述国外知名服装院校服装教育的异同。
2. 如果你想继续去国外深造，你应该如何选择？

参考文献

[1] KUNZ G. Merchandising: theory principles and practice [M]. New York: Fairchild Books, 2010.

[2] TEPPER B K. Mathematics for retail buying [M]. New York: Fairchild Books & Visuals, 2005.

[3] DAVIES G. The delisting of products by retail buyers [J]. Journal of Marketing Management, 1994, 10(6): 473-493.

[4] STONE E. The Dynamics of Fashion [M]. New York: Fairchild Books, 2010.

[5] BRUCE M, DALY L. Buyer behaviour for fast fashion [J]. Journal of Fashion Marketing and Management, 2006, 10(3): 329-344.

[6] AMATULLI C, GUIDO G. Determinants of purchasing intention for fashion luxury goods in the Italian market [J]. Journal of Fashion Marketing and Management, 2011, 15(1): 123-136.

[7] 缪维. 店面橱窗设计[M]. 北京: 中国纺织出版社, 2007.

[8] SHERIDAN M, MOORE C, NOBBS K. Fast fashion requires fast marketing: The role of category management in fast fashion positioning [J]. Journal of Fashion Marketing and Management, 2006, 10(3): 301-315.

[9] BURNS A C, BUSH R F. 营销调研[M]. 于洪彦, 金钰, 汪润茂, 译. 北京: 中国人民大学出版社, 2001.

后 记

《普通高等教育服装营销专业系列教材》的编写项目是一项巨大而有意义的工程，作为该系列教材中《服装买手实务教程》的作者，我非常荣幸能参与其中。2004年我从美国纽约时装学院（FIT）完成学习，回到浙江理工大学，并开始教授服装买手方面的课程。过去九年的时间里，我一直教授服装买手和其他相关服装营销课程，从未间断，期间时常参与企业中的买手实践工作，如帮助企业做相关培训或者搭建买手工作平台，设计工作流程等等。基于这么多年积累的服装买手知识理论、经验和收获，将其汇总在一起，凝练成了这本书。

《服装买手实务教程》是一本兼顾了基础理论和简单实际操作的教材，正如它的书名一样。时尚产业的时效性要求高，服装买手领域的知识更新也很快。因此，我在书里案例和营销概念的选择使用中，都尽量做到最新或前沿。为此我经常麻烦FIT的师长和朋友，帮我搜集最新的材料。特别是鲍勃·舒尔茨（Bob Shultz）和文森特·关（Vincent Guan）两位教授，他们从百忙之中挤出时间，为本书提供了资料素材，在此我要向他们致以深深的谢意。

此外，感谢我的同事和学生陈未央、常欢、李思慧、张飞、陈晨、林风禾、李洋、牟锦阳、霍鑫、胡潘阳、傅舒恬、段正巧等。他们为这本书整理资料，校对文案，花了很多时间。在此我一并向他们致谢。

还要感谢东华大学出版社的吴川灵编辑为这本书的出版所付出的时间和精力；同时感谢上海沙驰服饰有限公司对本系列教材的资助。

最后感谢审读书稿的各位专家。其中一些专家通读了全书，一些审读了个别章节。他们不仅纠正了书稿中存在的问题，而且提出了专业意见。

编者